Is as an Naigín i mBaile Átha Cliath do Ré Ó Laighléis. Ghlac sé bunchéim in Ollscoil na hÉireann Gaillimh (1978) agus iarchéimeanna san Oideachas i gColáiste Phádraig agus Boston College, Massachusetts, áit a bhfuil sé cláraithe mar Shaineolaí Comhairleach sa Léitheoireacht. Ba mhúinteoir é i Scoil Iognáid na Gaillimhe idir 1980–92.

Ó 1992 i leith tá cónaí air sa Bhoireann, Co. an Chláir, áit a bhfuil sé i mbun pinn go lánaimseartha. Tá cáil air as a dhrámaí do dhaoine óga agus tá Craobh na hÉireann sa scoildrámaíocht bronnta air sé uair, chomh maith le Duais Chuimhneacháin Aoidh Uí Ruairc a bheith gnóthaithe aige trí uair. *Aistear Intinne* (Coiscéim, 1996) is teideal dá shainsaothar drámaíochta.

Ach, is mar scríbhneoir úrscéalta agus gearrscéalta, idir Ghaeilge agus Bhéarla, is fearr atá aithne ar an Laighléiseach. Tá saothair leis foilsithe i nGaeilge, Béarla agus Fraincis agus go leor dá chuid aistrithe go hIodáilis, Gearmáinis, Gaeilge na hAlban, Danmhairgis agus eile. Scríobhann sé don déagóir agus don léitheoir fásta araon agus tá iliomad duaiseanna Oireachtais gnóthaithe aige sna genres éagsúla. Bronnadh Duais Chreidiúna an Bisto Book of the Year Awards ar shaothair leis faoi dhó. Ghnóthaigh sé NAMLLA Award Mheiriceá Thuaidh i 1995 agus bronnadh an European White Ravens Literary Award air i 1997. Ainmníodh saothair leis dhá uair do Dhuaiseanna Liteartha *The Irish Times*. I 1998 bhronn Uachtarán na hÉireann, Máire Mhic Giolla Íosa gradam An Peann faoi Bhláth air. Ba é Scríbhneoir Cónaitheach Chomhairle Chontae Mhaigh Eo i 1999 agus ceapadh é ina Scríbhneoir Cónaitheach d'Ollscoil na hÉireann, Gaillimh i 2001.

I 1998 ainmníodh an leagan Gaeilge dá úrscéal *Hooked* (MÓINÍN), mar atá *Gafa* (Comhar, 1996) ar Churaclam Sinsearach Thuaisceart na hÉireann agus ar Churaclam na hArdteiste ó dheas.

Tugann an Laighléiseach cuairteanna ar scoileanna faoi Scéim na Scríbhneoirí sna Scoileanna. Bhí sé mar chnuasaitheoir agus eagarthóir ar *Shooting from the Lip* (Comhairle Chontae Mhaigh Eo, 2002), arbh iad déagóirí as scoileanna éagsúla Chontae Mhaigh Eo a scríobh. Tá sparánachtaí sa litríocht bronnta air trí uair ag an gComhairle Ealaíon. Ní ball d'Aosdána é.

I 2004 foilseoidh MÓINÍN an t-úrscéal is déanaí óna pheann, mar atá *The Great Book of the Shapers – A Right Kick-up in the Arts*.

Leis an Údar céanna

Goimh agus scéalta eile (MÓINÍN, 2004)

Chagrin (Cló Mhaigh Eo, 1999)

Punk agus scéalta eile (Cló Mhaigh Eo, 1998)

Ecstasy agus scéalta eile (Cló Mhaigh Eo, 1998)

An Taistealaí (Cló Mhaigh Eo, 1998)

Stríocaí ar Thóin Séabra (Coiscéim, 1998)

Cluain Soineantachta (Comhar, 1997)

Aistear Intinne (Coiscéim, 1996)

Gafa (Comhar, 1996)*

Sceoin sa Bhoireann (1995)*

Ciorcal Meiteamorfach (1991)*

Heart of Burren Stone (MÓINÍN, 2002)

Shooting from the Lip (Cnuas. & Eag.)
(Comhairle Chontae Mhaigh Eo, 2002)

Hooked (MÓINÍN, 1999)

Terror on the Burren (MÓINÍN, 1998)

Ecstasy and other stories (Ais.)
(Poolbeg, 1996)*

Ecstasy agus sgeulachdan eile (Ais.)
(CLÀR, 2004)

Ecstasy e altri racconti (Ais.)
(MONDADORI, 1998)

* Cearta iomlána na saothar seo fillte ar an údar.

BOLGCHAINT
agus scéalta eile

Ré Ó Laighléis

An Chéad Chló 2004, MÓINÍN
Loch Reasca, Baile Uí Bheacháin, Co. an Chláir, Éire
Ríomhphost: moinin@eircom.net

Aithníonn MÓINÍN tacaíocht airgid
Bhord na Leabhar Gaeilge.

Tá taifead catalóige i leith an leabhair seo ar fáil
i Leabharlann Náisiúnta na hÉireann agus i leabharlanna
éagsúla Ollscoileanna na hÉireann.

Tá taifead catalóige CIP i leith an leabhair seo ar fáil
i Leabharlann na Breataine.

ISBN 0-9532777-3-9

Arna phriontáil agus cheangal ag Clódóirí Lurgan,
Indreabhán, Co. na Gaillimhe

Leagtha i bPalatino 11/15pt

Foilsíodh *Smeámh* ar 'Feasta', Nollaig 2001.
Bronnadh duais Oireachtais ar *Cor* i 2003.

CLÚDACH: Mír den deilbhín *Diarmaid agus Gráinne*
le Michael Kennedy Ceramics, Gort Inse Guaire,
Co. na Gaillimhe. Fón: (091) 632245.
Arna úsáid le caoinchead an déantóra.

Eagarthóireacht agus Clóchur le Carole Devaney
Dearadh Clúdaigh le Alanna Corballis

Clár na Scéalta

Do mhúinteoirí cruógacha na tíre seo
agus mo léitheoirí dílse

SCÁTH

SCÁTH

"Is tinneas aisteach é, dáiríre," arsa an Dochtúir Ó Dochartaigh le Síle agus Deirdre.

"Neamhghnách, a Shíle," ar sé ansin le máthair Dheirdre amháin. De chogar a dúirt sé an méid beag sin. É ag iarraidh gan cur leis an mbuairt a bhí ar Dheirdre cheana féin. "Go deimhin, tá sé chomh neamhghnách sin nach féidir leis na saineolaithe a rá le cinnteacht céard é féin go baileach."

Bhreathnaigh Deirdre agus a Mam ar a chéile. Bhí sé gar don seacht seachtainí ag an bpointe sin ó bualadh Tomás tinn. Fear céile Shíle, athair Dheirdre, ceannasaí an triúir ar ar thug siad féin 'Na Muscaedóirí'. Ba iad Deirdre agus Síle *Aramis* agus *Porthos*. Agus Tomás ... bhuel:

"Tomás *D'Artagnan* Ó Ceallaigh ar fáil duit lá agus oíche, mademoiselle," a déaradh Daid i gcónaí le Deirdre, agus é ag cur gothaí Francaigh air féin. Agus léimeadh sé suas ar cheann de chathaoireacha na cistine, bhaineadh de hata tríbheannach na samhlaíochta go scuabach galamaisíoch agus déaradh 'De-dahn-dedan-de-dahhh!'

Bhí seacht seachtainí eile imithe ón lá sin a raibh an choinne acu leis an dochtúir. Beag léim a dhéanfadh

Daid anois agus é ceithre seachtain déag sínte ar chlár a dhroma san ospidéal. Faitíos ar Shíle agus ar Dheirdre i gciúnas a gcroíthe istigh nach bhfeicfí gothaí an Fhrancaigh arís, ná baint an hata thríbheannaigh, ná an léim lúfar úd.

Luigh an trioblóid go trom dorcha ar chroí Dheirdre. Gan í ach aon bhliain déag d'aois, ba mhór ar fad an t-ualach é. Bhí sé mar a bheadh scamall mór gruama spréite ar an uile ghné dá saol. Ar shaol a máthair freisin, ar ndóigh. Gan ar a cumas ag Deirdre codladh a dhéanamh 's d'oíche ná aird a thabhairt ar chúrsaí scoile i rith an lae. B'fhaide é gach aon lá ná an ceann a d'imigh roimhe agus ba chun donais a bhí tinneas Dhaid ag dul seachas biseach a bheith ag teacht air.

Déardaoin a bhí ann nuair a bhailigh Karen Uí Dhiomsaigh Deirdre ón scoil in éindí lena hiníon féin, Niamh. Ba chomharsana iad na Diomsaigh agus na Ceallaigh agus ba nós é ag an mbeirt mháthair cúram bhailiú na n-iníonacha a roinnt. Karen á dhéanamh seachtain amháin agus Síle an chéad seachtain eile. Ach, ó bualadh Tomás tinn, ba mhó i bhfad den chúram scoile a bhí á ghlacadh ag Karen. Go deimhin, le roinnt seachtainí anuas, bhí sí ag tógáil Deirdre abhaile chun a tí féin agus á beathú sna tráthnóntaí.

"Beidh an lá ann, a Shíle, nuair a bheidh mise ag braith ortsa cúram éigin a ghlacadh thar mo chionnsa freisin," a dúirt Karen lena cara lá, "agus tá a fhios agam nach loicfidh tú ormsa nuair a thagann sin." Ag iarraidh misneach Shíle a choinneáil ard a bhí sí agus í á rá sin léi.

Ach, an Déardaoin áirithe seo bhí Deirdre agus Niamh díreach suite isteach ar shuíochán cúil an chairr, na criosanna sábhála dúnta go docht daingean orthu nuair a d'fhógair Karen rud a shásaigh na cailíní go mór.

"Níl aon fhonn ormsa a bheith ag déanamh cócaireachta daoibhse inniu, a chailíní," ar sí. "Fágaimis é ag Ronald McDonald an gnó a dhéanamh dúinn, huth! Céard a deir sibh?"

Míle liú agus sceitimíní ar na cailíní ar chloisteáil sin dóibh, cé nár fhan na sceitimíní chomh fada céanna le Deirdre agus a mhair siad le Niamh. Bhí an bhuairt mhór sin uirthi i gcónaí faoina hathair — é ar cúl a cinn go seasta, go fiú san uair a mbeadh ábhar éigin gliondair ann do dhuine eile.

Iad istigh i dTigh McDonald's ar ball agus béil na gcailíní á leathadh mar a dhéanfadh míol mór farraige ar chreach bhlasta éigin. Plaic i ndiaidh plaice á baint as a mBig Macanna acu beirt. Ar ndóigh, bhí Karen níos ciallmhaire ná na cailíní: bhí ceann de na sailéid nua-fhaiseanta úd aicise, iad siúd a dúradh a bheith níos folláine duit ná an burgar mairteola. Ach bíodh an diabhal ag an gciall, a shíl na cailíní, agus d'alp siad leo.

Ar sheanfhear ag iompar mhaide bháin, a shuigh chun boird os comhair na gcailíní, a thit aird Dheirdre. Cé gur léir go raibh sé dall, bhí tréith éigin ar a éadan a chuir a hathair i gcuimhne di. A fhad agus a bhí Karen agus Niamh ag caint faoi rud éigin eatarthu féin, bhí

Deirdre faoi gheasa ag aghaidh an tseanfhir. Dá mhéid a bhreathnaigh sí air ba mhó a shíl sí é a bheith an-chosúil lena Daid.

"Tá tú ag breathnú orm, a chailín bhig," arsa an seanfhear, de ghlór séimh. D'ainneoin na séimhe, bhain an chaint uaidh preab nár bheag as Deirdre. Cén chaoi ó thalamh an domhain a mbeadh a fhios sin aige agus é chomh dall le cloch?

"Nuair a sciobtar radharc na súl uait," ar sé, "tugtar rud beag éigin eile duit le do bhealach a dhéanamh sa saol seo, an dtuigeann tú?"

"Tuigim," arsa Deirdre, cé, go fírinneach, nár thuig sí ciall an ráitis ar chor ar bith.

"Bhí mise in ann fuinneamh do shúile a aireachtáil ar m'éadan agus tú ag breathnú orm," ar sé. "Sórt teas na súl ar an gcraiceann, má thuigeann tú leat mé."

"Teas na súl?" arsa Deirdre.

"Sea, teas. É sin agus gné bheag éigin den bhrón measctha tríd."

Ní dúirt Deirdre rud ar bith leis sin, ach d'airigh sí istigh go mb'fhéidir go raibh bua aisteach éigin ag an seanfhear mánla seo a chuidigh leis rún a croí a aithint.

"Ná bíodh brón ná buairt ort faoi rud ar bith, a chroí. Beidh gach rud ina cheart in imeacht ama," ar sé. Agus, leis sin, tháinig duine de lucht freastail Tigh McDonald's go dtí an bord agus leag tráidire os comhair an tseanfhir.

"Sin agat anois é, a dhuine uasail, Quarter Pounder úr rósta duit 's gan aon phicilí air, mar is gnách gach

Déardaoin," arsa an freastalaí. "Tá gach rud ar an tráidire san ord céanna ina mbíonn sé i gcónaí: naipcíní ar an dtaobh clé den burgar agus an Coke ar dheis." Agus, leis sin, d'imigh an freastalaí arís agus thosaigh an seanfhear ar na nithe éagsúla a bhí os a chomhair amach a bhrath lena lámha.

Bhí Deirdre fós ag déanamh iontais den tagairt a rinne an strainséir do bhuairt nó brón a bheith uirthi nuair a labhair sé arís.

"Seo, a chailín," ar sé, agus bhain sé píosa beag d'éadach mín glas as póca brollaigh a sheaicéid agus shín chuig Deirdre é. "Tóg sin agus déan é a chur gar don té a bhfuil tú buartha faoi agus díbreofar gach buairt sula bhfad. Tá dath glas ar an éadach seo, mura bhfuil dul amú orm, nach bhfuil?"

"Tá," arsa Deirdre, agus í á thógáil uaidh agus, san am céanna bhí sí ag déanamh iontais de go raibh dath an phíosa éadaigh ar a eolas aige.

"Sea, glas!" ar sé go machnamhach, "dath an dóchais, bíodh a fhios agat."

"Dath an dóchais?" arsa Deirdre.

Bhí an seanfhear díreach ar tí a thuilleadh a rá nuair a chas Karen ón gcomhrá a bhí á dhéanamh aici le Niamh.

"Seo-seo, a Dheirdre, tá brón orm cur isteach ar bhur gcomhrá, ach caithfimid bailiú linn. Tá sé i ndiaidh a ceathair cheana féin agus caithfimid a bheith ag bogadh linn sula n-éiríonn trácht an tráthnóna ró-throm. Tá tusa le dul ag an ospidéal le do Mham ar ball, nach bhfuil?"

Chas an seanfhear a éadan i dtreo Dheirdre. Cé go raibh sé dall, bhí a fhios ag Deirdre ar bhealach aisteach éigin go raibh sé ag breathnú uirthi.

"An t-ospidéal!" ar sé. "Beir leat an t-éadach."

Agus, de chasadh boise, bhí Deirdre agus Niamh scuabtha go deifreach as an áit ag Karen, agus í ar a dícheall trácht an tráthnóna a sheachaint. Agus iad ag rásaíocht trasna an bhaile ar ball beag, bhí éadach glas an tseanfhir fásctha go daingean ina ciotóg ag Deirdre.

Níos déanaí san ospidéal an oíche chéanna sin, bhí cás Thomáis níos measa ná riamh. Cead isteach cúpla nóiméad ar a mhéid chun a Daid a fheiceáil a tugadh do Dheirdre. Bhí cuma na hainnise ar an bhfear bocht. É liathbhán san éadan agus giorra anála á thachtadh gan stad. Bhí na deora á sileadh go fras ag Deirdre nuair a tháinig an bhanaltra chuici agus dúirt de chogar léi go gcaithfeadh sí fágáil agus deis codlata a thabhairt dá Daid. Chrom sí chun póigín a thabhairt dá hathair agus, ag aon am leis sin, shleamhnaigh sí an t-éadach beag glas isteach faoina philiúr i nganfhios dó.

Chodail Deirdre in éindí lena Mam an oíche Déardaoine sin. Bhuel, chodail má chodail, má thuigeann tú leat mé! Bhí siad beirt fásctha go dlúth ar a chéile ar feadh an ama, ach súil níor dhún siad agus néal níor chodail siad le méid na buairte a bhí orthu. Agus chas oíche na Déardaoine ina maidin Aoine. Agus, fiú dá mbeadh an seans féin ann go dtitfidis ina gcodladh, chuir clagarnach an fóin deireadh leis sin ar 7.12a.m. D'éirigh Síle go faiteach agus dheifrigh chun é a fhreagairt. Shuigh Deirdre féin suas caoldíreach sa leaba agus d'fhan ar a máthair filleadh. Bhí sceoin sna súile ar an gcailín óg agus í ag feitheamh ar Shíle. Chuala sí fuadar faoi chosa a máthar agus í ag deifriú an staighre aníos athuair agus í ag scréachaíl aisti go háthasach. Tháinig sí de rúid isteach sa seomra leapan, léim ar an leaba agus rug barróg mhór ar Dheirdre.

"Míorúilt! Míorúilt, a Dheirdre, a chroí!" a bhéic sí go gliondrach. "Tá do Dheaide slán, tá do Dheaide slán," ar sí, agus phreab siad suas síos ar bharr an tochta nó gur thit siad siar arís le teann an ríméid a bhí ar a gcroíthe. "Tá d'Artagnan linn i gcónaí," arsa Síle, agus chaoin siad beirt deora fada an áthais.

Ní raibh ann ach an dá lá féin nuair a d'fhill Tomás ar an mbaile agus ba ríléir air go raibh sé i mbarr a mhaitheasa, thar mar a bhí riamh. Bhí míle scéal 'gus míle gáire 'gus míle scéal arís. Ach, má bhí sin, bhí an seanfhear dall a casadh ar Dheirdre i dTigh McDonald's an Déardaoin roimhe sin go mór chun tosaigh ina hintinn aici. Bhí focail an fhreastalaí greanta ar chuimhne Dheirdre: 'mar is gnách gach Déardaoin', a dúirt an freastalaí. Agus Déardaoin na seachtaine áirithe seo d'fhéachfadh Deirdre chuige go mbeadh sí ann roimhe chun a buíochas a ghabháil leis an seanfhear caoin.

Bhuel, tháinig an Déardaoin. Agus, cé nach

ndéarfadh Deirdre lena Mam an fáth a d'áitigh sí uirthi í a thabhairt go dtí Tigh McDonald's mórán ag an am céanna a raibh sí ann an tseachtain roimhe sin, thug Síle ann í. D'fhan siad uair a'chloig ann agus d'fhan an dara uair a' chloig chomh maith, ach rian den tseanfhear ní raibh le feiceáil ann. Ar deireadh, bheartaigh Deirdre ceist a chur ar an bhfreastalaí céanna a bhí ann an tseachtain roimhe sin an mbeadh an seanfhear ag teacht isteach.

"Ah, D'Artagnan, an créatúr!" arsa an freastalaí.

"D'Artagnan!" arsa Deirdre, agus ba léir uirthi siar a bheith bainte aisti.

"Sea. Sin é an t-ainm a bhí air," arsa an freastalaí. "An é nár chuala tú faoi?"

Croitheadh cinn ag Deirdre ag léiriú nach raibh a dhath cloiste aici. Le séimhe ansin a labhair an freastalaí arís.

"Ah, an seanfhear bocht! Fuarthas fuar marbh ar an leaba é go moch maidin Dé hAoine seo caite."

"Marbh! Maidin Dé hAoine seo caite!" arsa Deirdre. Agus leath na súile go mór leathan uirthi ...

FOCALGHNÍOMH

FOCALGHNÍOMH

"Boladh ort," arsa cailín amháin as rang a sé, agus í ag dul thar bráid sa líne i gclós na scoile tar éis briseadh beag na maidine. Thug Dara aird láithreach ar an gcailín a dúirt. Ní le Dara féin a dúradh é ach leis an mbuachaillín a bhí chun tosaigh air sa líne. Yashi Amki ab ainm don leaidín sin agus bhí sé nua-thagtha chun na scoile le roinnt seachtainí anuas. As tír éigin sa Domhan Thoir a tháinig seisean agus a mhuintir, de réir mar a thuig Dara an scéal. Teifigh ab ea iad a bhí á sciúrsáil ina dtír féin.

"Boladh lofa ort, a mhoncaí," arsa duine eile as líne rang a sé. Buachaill a bhí ann an uair seo. Bhreathnaigh Dara ina dhiaidh. Ní raibh sé cinnte cén t-ainm a bhí ar an mbuachaill céanna ach shíl Dara go dtabharfadh sé lascadh dó dá mbeadh sé féin mór a dhóthain chun sin a dhéanamh. Ach i rang a ceathair a bhí Dara, díreach mar a bhí Yashi féin. Ba dhósan a thabharfaí an lascadh dá dtosódh sé isteach ar bhuachaill as rang a sé. Agus, ar chaoi ar bith, bhí a fhios ag Dara ina chroí istigh nár bhealach ar bith é an troid chun fadhb a réiteach. Nárbh é an troid féin ba bhunús leis an gcuid is mó den trioblóid a bhí ag titim amach sa domhan mórthimpeall! Bobarúin de dhaoine a roghnaigh troid thar bealach eile le rudaí a réiteach.

"Boladh lofa ort, a ghoirmín," arsa buachaill eile fós i líne rang a sé agus é ag gluaiseacht leis doras na scoile isteach. Agus chuala Dara an leaid sin á rá chomh maith, agus ba chinnte gur le Yashi a dúirt sé é. Triúr i ndiaidh a chéile ag caitheamh go dona leis an mbuachaillín bocht gan fáth. Ba léir do Dhara gur phlean réamh-bheartaithe a bhí san iarracht. Ach, leis sin, tháinig Bean Uí Dhálaigh, múinteoir Dhara, go doras na scoile agus thug a daltaí féin isteach.

Istigh sa seomra ranga agus gach aon duine socraithe síos, ní fhéadfadh Dara naimhdeas agus drochmhúineadh pháistí rang a sé a chur as a chloigeann. Bhí Bean Uí Dhálaigh tosaithe ar an Matamaitic cheana féin ach ní air sin a bhí aird Dhara. Bhí seisean ag breathnú uaidh trasna an tseomra, áit a raibh Yashi Amki ina shuí. Nach raibh dóthain den chineál sin drochíde faighte ag an leaidín bocht sin ina thír féin cheana féin, a shíl Dara. Nach chun éalú óna leithéid a tháinig muintir Amki go hÉirinn.

"Agus, den tríú huair, an freagra air sin, a Dhara ...?"

Bhain glór an mhúinteora preab as Dara. Níor thuig sé go raibh ceist curtha ag Bean Uí Dhálaigh air faoi dhó cheana féin.

"Eh ..." arsa Dara, agus bhreathnaigh sé go han-tapa ar an gclárdubh agus rinne na figiúirí a ríomh. "Trí chéad agus a dódhéag," ar sé.

"Hmm!" arsa an múinteoir, agus leath miongháire ar

a béal. Ba rímhaith a thuig sí go raibh Dara iontach ag an matamaitic.

"Tá tú ceart," ar sí. "Is breá an rud é go bhfuil tú chomh maith ag an mata is atá, ach bí ag tabhairt aire mar sin féin, maith an buachaillín."

Ach ba dhuine séimh groíúil í Bean Uí Dhálaigh. Bhí a fhios aici go raibh rud beag éigin ag déanamh scime d'intinn Dhara. Ba ghnách dó a bheith ar dhuine den chéad bheirt nó triúr lena lámh in airde le freagra ar cheist ar bith. Thaitin sé freisin leis an múinteoir nach raibh aon fhaitíos riamh ar Dhara ceist a chur nó ábhar a ardú sa seomra ranga. Go deimhin, d'fháiltigh sí roimh a leithéid de nós.

Bhuel, d'imigh an mhaidin agus tháinig am reiligiúin, agus thosaigh Bean Uí Dhálaigh ag caint ar Mhahatma Gandhi, iar-cheannaire na nIndiach san Áis.

"Mohandas Karamchand Mahatma Gandhi ba ainm ceart dó," arsa an múinteoir. Agus rinne na páistí go léir gáire faoi ainm chomh fada sin a bheith ar dhuine ar bith. Ach gáire na spéise a bhí ann. Ní raibh aon mhailís ná easpa measa ag gabháil leis an ngáire céanna. Agus bhí siad faoi gheasa ag an méid a d'inis an múinteoir dóibh faoin bhfear céanna.

"Laoch! Fathach fir," a dúirt sí, "cé gur feairín beag a bhí ann, dáiríre. Ach bhí bealach aige, a pháistí," ar sí, "bealach na séimhe. Bealach ar thug sé féin *satyagraha* air," agus scríobh sí an focal sin ar an gclárdubh le go rachadh sé i gcion ar mheonta óga na bpáistí. Láithreach bonn, scríobh Dara an focal síos ina chóipleabhar. Bhí an múinteoir ag míniú faoi mar a bhí bealach Gandhi bunaithe ar mheas a bheith á léiriú ag daoine ar a chéile. Bhí sí ar tí tosú ar abairt úr nuair a chonaic sí go raibh lámh Dhara in airde aige.

"Bhuel, a Dhara, ceist agat?" arsa an múinteoir.

"Sea, a Bhean Uí Dhálaigh, tá. An as an bhfocal sin, más ea, a tháinig an focal Gaeilge 'grá'?"

"As *satyagraha,* a Dhara!" Agus bhí rian den iontas ar a glór.

"Sea, a mhúinteoir. An bhfeiceann tú mar atá an focal 'grá' díreach ina lár?"

D'fhéach an múinteoir siar ar an gclárdubh, agus bhreathnaigh gach aon dalta ar an bhfocal chomh maith, agus, de réir a chéile, thosaigh na páistí ar an 'sea' sin a bhíonn acu nuair a thagann tuiscint éigin chucu.

"Bhuel, by daid, a Dhara," arsa Bean Uí Dhálaigh, "m'anam gur fíor duit é! Tá sé ansin ina cheartlár ceart go leor. Agus, an bhfuil a fhios agat seo," ar sí, "níl tuairim agam an bhfuil aon cheangal idir an dá fhocal. Ach gheobhaidh mé amach faoi, más féidir." Bhí a fhios ag Bean Uí Dhálaigh go raibh an tuairim ann go raibh ceangal siar i bhfad idir an Ghaeilge agus Sanskrit, seanteanga na hIndia.

Bhuel, bhí Dara thar a bheith sásta leis sin uile. Bhí an mhuinín ard anois ann. Agus, de réir mar a lean Bean Uí Dhálaigh uirthi ag caint faoi Gandhi, thosaigh aghaidheanna agus ainmneacha dhaoine eile ag rith trí intinn Dhara. Agus ba é an rud a bhí i gcoitinne ag na daoine sin ná nár aontaigh siad le húsáid an fhoiréigin beag ná mór. Rud éigin a dúirt Bean Uí Dhálaigh in imeacht a cainte a chuir ar Dhara cur isteach uirthi arís.

"Gabh mo leithscéal, a Bhean Uí Dhálaigh."

"Sea, a Dhara," ar sí, "abair leat."

"Tá mise ag léamh leabhair faoi láthair faoi fear darb ainm Martin Luther King, agus chreid seisean sa mhodh céanna a bhí ag Gandhi."

"Tá an ceart ar fad agat, a Dhara, chreid sé," arsa Bean Uí Dhálaigh.

"Agus ins an leabhar, a mhúinteoir," arsa Dara, "tá caibidil amháin dar teideal *'I'm Gonna Get Me Some Biiiiiiig Words'*."

"Mar sin é, a Dhara!"

"Sea, mar chreid Martin Luther King gur láidre an focal labhartha ná an troid fhisiciúil chomh maith."

"Agus, gabh mo leithscéal, a Bhean Uí Dhálaigh,"
arsa cailín ar an taobh eile den tseomra, agus í ag cur isteach ar chomhrá Dhara agus an mhúinteora.

"Sea, a Shiobhán?" arsa an múinteoir.

"Tá fear eile ann, Nelson Mandela, a bhfuil smaointe den chineál céanna aige freisin."

"Tá, go deimhin, a Shiobhán. Sea, Nelson Mandela na hAfraice Theas."

"Agus, a Bhean Uí Dhálaigh," arsa Yashi, "tá bean den chineál céanna i mo thír dhúchais féin, Myanmar, nó Burma mar a tugadh air tráth. Aung San Suu Kyi is ainm di, agus bíonn an sórt céanna ruda á rá aicise i gcónaí."

"Bhuel, bhuel, bhuel, nach iontach ar fad é an t-eolas atá agaibh go léir," arsa an múinteoir. "Agus nach iontach é go bhfuil an oiread sin daoine den chineál sin ann."

Bhuel, dúradh míle rud eile a bhí ar aon dul leis na ráitis sin an lá céanna. Agus ba é toradh an phlé ar deireadh gur bheartaigh na páistí taispeántas dá gcuid féin ar théama na daonnachta a chur ar fáil do dhaltaí eile na scoile.

Ach ní raibh aon halla ceart sa scoil a thógfadh na daltaí ar fad. B'fhearr, a shíl Bean Uí Dhálaigh, an léiriú a chur os comhair daltaí aon rang amháin.

"Bhur rogha féin, a pháistí, cén rang sa scoil a gcuirfimid an léiriú ina láthair dóibh," ar sí.

"Rang a sé," arsa Dara ar an toirt.

"Sea, rang a sé," arsa na páistí go léir ina dhiaidh.

Ar ndóigh, ba é an smaoineamh a bhí in intinní na bpáistí eile ná go bhfeicfeadh daltaí rang a sé chomh maith agus d'fhéadfadh páistí rang a ceathair a bheith. Ach, i gcúl a chinn ag Dara bhí an smaoineamh gurbh é rang a sé ab fheiliúnaí toisc an drochíde a chuala seisean uathu i leith Yashi an lá sin.

Cuma fáth amháin nó fáth eile, ach d'imigh na seachtainí agus tháinig lá an léirithe. Agus bhí píosa tábhachtach le rá ag gach aon dalta as rang a ceathair. Réitigh siad go fíormhaith agus bhí soiléireacht na cainte agus eicspreisean na bpáistí ar fheabhas ar fad. Agus, dá bharr sin uile, ba léir go raibh an fhoclaíocht ag dul i gcion go mór ar dhaltaí rang a sé.

Agus gan ach trí mhír fágtha sa léiriú, sheas Siobhán — an cailín a luaigh ainm Nelson Mandela an lá úd sa seomra ranga — agus thug sí píosa as ceann d'óráidí Mandela.

"*Our deepest fear*", ar sí, agus idir chroí agus anam sa chaint aici, "*is not that we are inadequate.*"

"Our deepest fear is that we are powerful beyond measure.
It is our light, not our darkness, that most frightens us.
We ask ourselves, who am I to be brilliant, gorgeous, talented and fabulous?
Actually, who are you not to be?
You are a child of God.
Your playing small doesn't serve the world.
There's nothing enlightened about
shrinking so that other people
won't feel insecure around you.
We were born to make manifest
the glory of God that is within us.
It's not just in some of us: it's in everyone.
And, as we let our own light shine,
we unconsciously give other people
permission to do the same.
As we are liberated from our own fear,
Our presence automatically liberates others."

Bhuel, chloisfeá an biorán féin ag titim ar urlár an tseomra ranga agus í á rá. Le linn do Shiobhán a bheith ag tabhairt na hóráide, bhí Dara ag réiteach a intinn féin don bpíosa a bhí seisean ag dul a' rá. Ach, ag an am céanna, bhí sé ag faire ar dhaltaí rang a sé agus thug sé faoi deara go ndeachaigh óráid Shiobhán i bhfeidhm go mór orthu. Ach d'aithin sé chomh maith go ndeachaigh sé i bhfeidhm ach go háirithe ar an dtriúr a chaith go dona le Yashi roinnt seachtainí roimhe sin. Gach cosúlacht ar an scéal go raibh an aidhm rúnda a bhí ina chroí istigh ag Dara á baint amach.

Deireadh ráite ag Siobhán agus tháinig Dara ar aghaidh. Bhreathnaigh sé an slua os a chomhair amach, bhreathnaigh sé na múinteoirí, bhreathnaigh sé Yashi …

"*I have a dream*," ar sé, agus stop soicind nó dhó, agus d'aimsigh a shúil súile an triúir úd as rang a sé. "*I have a dream …*" agus labhair sé amach focail cháiliúla Mhartin Luther King in aghaidh na héagóra, in aghaidh an chiníochais, in aghaidh an oilc. Agus bhí a fhios ag an mbuachillín go raibh lán a chroí á thabhairt don iarracht aige. Agus, nuair a stop sé den chaint, bhí béal an uile dhuine os a chomhair amach ar leathadh le hiontas. Ansin bualadh bos. B'iad an triúr a rinne an feall ar Yashi ba mhó a thug bualadh bos. Agus, nuair a chiúnaigh na daltaí arís, tháinig Yashi féin ar aghaidh. Ansin labhair Dara athuair.

"Anois, mar bhuille scor, ba mhaith le Yashi Amki, a tháinig chun na tíre seo as Myanmar na hÁise cúpla mí ó shin, dán a rá. Agus d'fhág Dara an bealach ag Yashi.

"Is aistriúchán é seo," arsa Yashi, ina ghlór caoin séimh, "a rinne mé féin ar dhán a scríobh banlaoch Myanmar, Aung San Suu Kyi. Agus thosaigh sé isteach ar an dán a rá, 's gan oiread agus nóta os a chomhair.

"Dá stróicfeá súil mo chinn," ar sé.
"Chaochfainn an leathshúil eile ort;
Dá mbascfá mé le maslaí,
Ghuífinn beannacht ort;
Dá gcuirfeá lasair faoi mo róba,
Chaoinfinn deora a mhúchta.

Is dá gcaillfeá féin do shúil-se,
Thabharfainn leathshúil duit;
'S dá gcaithfí leat go grod,
Sheasfainn fód ar son do chirt;
'S dá ndóifí gach ball éadaigh ort,
Leathfainn ort mo chasóg."

Deireadh ráite ag Yashi agus bhéic an ciúnas ina mhacalla ar fud an tseomra. Ciúnas a d'fhás air féin agus a d'fhág gach aon duine a d'éist leis na focail a d'imigh roimhe faoi gheasa ag an smaoineamh. Agus, i ndul an chiúnais sin, d'fhill lucht rang a ceathair ar a seomra féin agus a fhios acu go ndeachaigh a n-iarrachtaí i bhfeidhm go mór ar na daltaí sinsearacha.

Ní raibh lá ina dhiaidh sin in imeacht na scoilbhliana ar caitheadh go dona le Yashi Amki arís. Go deimhin, cúpla seachtain tar éis lá an léirithe, tháinig triúr as rang a sé go seomra rang a ceathair. Tháinig siad chun togra a bhí ina n-intinní acu a phlé. Togra maidir le gníomh a dhéanamh ar son daoine a bhí faoi chruatan sa Domhan Thoir a bhí i gceist. Agus an triúr a tháinig chun é a phlé! Bhuel ... ní gá aithne ná ainm. Is leor a rá gur ardaigh sé croí Dhara a fheiceáil cén triúr iad féin go baileach.

BALL

BALL

Tráthnóna Sathairn, barr Shráid Ghrafton. Trealamh an draíodóra ar an talamh ag ceann na sráide. Slua bailithe agus grian an tsamhraidh ag spalpadh anuas orthu. Cupán ina shuí bun os cionn ar chlár adhmaid os comhair an tslua amach. Leathann an draíodóir óg a dhá lámh os cionn an chupáin.

"Soicind amháin, tá an fáinne istigh faoin gcupán, a dhaoine uaisle," ar sé. "Agus, an chéad rud eile, i bhfaiteadh na súl, hey presto!" — agus ardaíonn sé an soitheach — "tá sé imithe."

Déanann an slua gáire nuair a fheiceann siad nach bhfuil an fáinne faoin gcupán a thuilleadh. Ansin bualadh bos. Cuairteoirí go cathair Bhaile Átha Cliath iad don chuid is mó agus tá siad faoi dhraíocht ag luas na lámh atá ag an bhfear óg Turcach. Luas na cainte freisin. Gach uile rud déanta de luas ag Ahmet Sukur.

Súil an-ghéar ag duine amháin i lár an tslua ar an draíodóir óg, áfach. Marc Ó Néill, bleachtaire leis na gardaí i stáisiún Shráid Fhearchair na cathrach. Marc tagtha ann inniu toisc na céadta gearáin ag turasóirí faoina bhfuil ar siúl ann le cúpla seachtain anuas. Daoine á rá go bhfuil idir mhálaí agus sparáin, agus a fhios ag Dia céard eile caillte acu ag na seisiúin seo.

Goidte, b'fhéidir, cá bhfios!

Ach an teas ag cur as go mór do Mharc an lá seo. Scaoileann sé a charbhat agus osclaíonn cnaipe uachtair a léine. Tochas ar an mball broinne úd a chlúdaíonn leath clé a éadain. Dath dearg-chorcra ar an mball de ghnáth, ach é á róstadh anois ag an teas. Is ag amanna mar seo is mó a chuimhníonn Marc ar an mháchail a bheith air. Cuimhní ar na hamanna le linn a óige nuair a thugadh páistí eile 'An Marc' mar leasainm air. Agus an gortú a bhain leis sin.

"Anois, a bhean uasail, ná bí buartha faoi d'fháinne," arsa Ahmet. Agus briseann caint an fhir óig isteach ar chuimhní Mhairc. Is le bean rua i lár an tslua atá an Turcach ag caint. Ise a thug an fáinne don draíodóir ar ball beag, agus tá cuma na himní uirthi ceart go leor.

"Rachaidh mo chúntóir dathúil, Ayça, in bhur measc," arsa Ahmet, "agus feicfimid an féidir an fáinne a aimsiú." Agus casann sé i dtreo an chúntóra.

"A Ayça, más é do thoil é," ar sé ansin, agus téann Ayça i measc an tslua. Amhras láithreach ar Mharc faoina mbeidh ar siúl ag Ayça. Leanann a shúil sa ghluaiseacht í.

"Anois, a Ayça, arsa an draíodóir, "stop san áit ina bhfuil tú, más é do thoil é." Agus stopann sí. "Tá mé chun an dallamullóg seo a chur ar mo shúile," ar sé, agus ardaíonn sé éadach dubh os comhair an tslua. Ansin cuireann sé ar a shúile é.

"Anois ní féidir liom rud ar bith a fheiceáil. Ach, a

dhaoine uaisle," ar sé, "chun déanamh cinnte de sin, tá mé chun mo dhroim a chasadh oraibh agus fanacht mar sin." Agus déanann sé sin.

"Anois, a Ayça," ar sé, agus ardaíonn sé a ghuth toisc a dhroim a bheith casta uirthi, "an bhfuil tú in ann mé a chloisteáil?"

"Tá," ar sí, "go lánsoiléir."

"Go maith. Bhuel, teastaíonn uaim anois, a Ayça, go siúlfá i measc an tslua ar do rogha bealach féin. An dtuigeann tú sin?" ar sé.

"Tuigim," arsa Ayça, agus tosaíonn sí ar shiúl léi.

"Tá mé chun a rá leat stopadh ag pointe éigin, ach coinnigh ort ag siúl go dtí go ndeirim sin leat."

Súil Mhairc ag leanacht ghluaiseacht Ayça céim ar chéim i gcónaí. Sníomhann sí léi i measc an tslua, gan chiall ná phátrún leis an tsiúl a dhéanann sí. Suas le nóiméad siúil déanta aici, b'fhéidir. Ansin:

"Stop," arsa an draíodóir, agus déanann Ayça mar a deirtear léi. "An bhfuil tú stoptha, a Ayça?" ar sé.

"Tá, go deimhin, a Ahmet."

"Sín amach do lámh dheas anois, más ea," arsa an fear óg, "agus teagmhaigh den duine is gaire duit." Agus déanann sí amhlaidh.

Is ar ghualainn Mhairc Uí Néill a thiteann a ciotóg. Tá Marc beagáinín míchompordach cheana féin.

"An bhfuil sin déanta?" arsa Ahmet.

"Tá."

"Fear nó bean atá agat?" ar sé.

"Fear," arsa Ayça.

"Tá casóg ar an bhfear, agus carbhat — an bhfuil mé ceart, a Ayça?"

Monabhar an iontais ó na daoine sa slua ar chloisteáil sin dóibh.

"Iomlán ceart," arsa Ayça. Méadú éigin ar mhíchompord Mhairc.

"Agus an bhfuil an ceart agam nuair a deirim go bhfuil máchail éigin ar an bhfear seo — máchail ar a éadan, measaim? An bhfuil sin ceart, a Ayça?"

Méadú anois ar mhonabhar an tslua agus iad ag breathnú i dtreo Mhairc. Míchompord Mhairc ag éirí níos measa fós. Leathfhonn air lámh Ayça a dhíbirt dá ghualainn, ach fiosracht air mar sin féin.

"Anois, a dhuine uasail," arsa Ahmet — "a Mhairc, nach ea?"

Míchompord Mhairc casta ina iontas anois, nuair a chloiseann sé a ainm as béal an draíodóra.

"Sea," arsa Marc, agus méadú ag teacht ar an bhfiosracht sin anois.

"An ndeimhneofá do na daoine thart ort, más é do thoil é, a Mhairc, nach bhfuil aon aithne againn ar a chéile?"

"Sea," arsa Marc, "tá sin fíor. Níor chas muid ar a chéile riamh."

"Agus céard faoi Ayça?" arsa Ahmet, "ar chas tú uirthise riamh cheana?"

"Níor chas," arsa Marc, agus é ag breathnú ar an

mbean óg dhathúil. É seo uile ag cur go mór le hatmaisféar na mistéire i measc bhaill an tslua.

"Anois, a Mhairc, tá mé chun iarraidh ort do lámh dheas a chur le póca brollaigh do sheaicéid. An ndéanfá sin, le do thoil?"

Déanann Marc amhlaidh, agus airíonn sé rud istigh sa phóca nach raibh súil aige leis.

"Airíonn tú rud éigin neamhghnách sa phóca, nach ea?" arsa Ahmet.

"Sea, airím."

"Anois, más ea, ba mhaith liom go gcuirfeá do chorrmhéir agus d'ordóg isteach sa phóca brollaigh agus an rud sin a bhaint amach as."

Súile an tslua dírithe ar mhéara Mhairc. Agus déanann seisean mar a iarrtar air. Isteach leis na méara, go mall cúramach, agus amach leo chomh mall cúramach céanna arís. Agus, i ndlúthcheangal idir barra an dá mhéar sin aige, an fáinne.

Gáir iontais ag an slua, agus ina dhiaidh sin dordán cainte ag ardú ina measc. Agus, leis sin, tógann Ayça an fáinne ó Mharc agus bogann i dtreo na mná ar léi é.

"D'fháinne ar ais chugat, a bhean uasail, agus go raibh míle maith agat as páirt a ghlacadh sa taispeántas seo," arsa Ahmet, go buacach. Agus, leis sin, casann sé ar ais i dtreo an tslua, baineann de an dallamullóg agus umhlaíonn go cúirtéiseach leo.

Bualadh bos mór groíúil ón tslua agus an bhean rua ag glacadh an fháinne ar ais ó Ayça.

"Agus mo bhuíochas leatsa chomh maith, a Mhairc, as páirt a ghlacadh," arsa Ahmet. "Is mór an spórt ar fad thú." Ansin díríonn sé aird ar an slua athuair. "Anois, a dhaoine uaisle, beidh Ayça ag dul in bhur measc arís le ciseán an airgid agus ba mhór againn ar fad bhur bhflaithiúlacht leis sin."

Arís eile, bualadh bos agus cloistear tús ar thitim an airgid isteach sa chiseán céanna.

Leanann an bualadh bos ar aghaidh go ceann roinnt nóiméad ach, nuair a thosaíonn maolú ag teacht air sin, labhraíonn Ahmet arís.

"Sin sin don lá inniu, a dhaoine uaisle, ach nóta cúraim sula n-imíonn sibh. Seiceálaigí bhur málaí agus bhur sparáin, le bhur dtoil. Tuigtear dúinn gur chaill daoine a leithéidí ag taispeántais anseo le cúpla seachtain anuas."

Mearbhall tuisceana ar fad ar Mharc lena bhfuil tarlaithe le deich nóiméad anuas. Dearmad déanta aige don chuid is mó ar an bhfáth ar tháinig sé anseo inniu. Bogann sé anois i dtreo Ahmet. Fonn air labhairt leis an bhfear óg. É fiosrach faoin gcaoi a ndearna sé an cleas, faoin gcaoi a raibh a ainm ar eolas aige. Agus fiosrach faoi mhórán eile nach iad.

"A Ahmet," arsa Marc, ar shroisint bharr an tslua dó.

"Ah, a Mhairc!" arsa Ahmet, agus croitheann siad lámh a chéile.

"Deis labhartha leat cúpla nóiméad, b'fhéidir ...?"

Cuma an amhrais ar Ahmet soicind. "Bhuel, ceart go

leor. Ach níl agam ach an cúpla nóiméad, dáiríre. Caithfimid an trealamh go léir a chur ar ais sa veain. Cuireann na gardaí gluaiseacht fúinn má bhíonn moilleadóireacht ar bith leis sin, tá a fhios agat féin."

Ceist á hardú féin in intinn Mhairc faoin tagairt sin do na gardaí, agus an 'tá a fhios agat féin' úd. An é go bhfuil a fhios ag Ahmet gur garda é anuas ar an eolas eile a bheith aige?

"Sea, cinnte. Cúpla nóiméad, sin an méid," arsa Marc.

Agus deich nóiméad ina dhiaidh sin tá Marc agus Ahmet ina suí le chéile i mbistró beag ar cheann de thaobhshráideanna Shráid Ghrafton. An comhrá éadrom ar dtús — tagraíonn Marc do chuairt a thug sé ar Istanbul na Tuirce roinnt blianta siar. Ahmet ag caint beagán den impreisean atá aige d'Éirinn agus de mhuintir na tíre. Ach gné na fiosrachta ag fáil an ceann is fearr ar Mharc ar deireadh.

"Inis seo dom, a Ahmet," ar sé, "cén chaoi an ndearna tú an cleas sin leis an bhfáinne ar ball beag?"

"Cleas!" Is léir ar thuin gutha Ahmet go bhfuil fadhb éigin aige leis an bhfocal 'cleas'.

"Sea! An chaoi a raibh sé faoin gcupán ar dtús agus ansin gur tharla é a bheith i bpóca mo sheaicéid."

"Ach, i gcead dhuit, a Mhairc, ní cleas é sin. Sin réalachas."

"Réalachas!?"

"Sea, a Mhairc, réalachas," arsa Ahmet go lom, agus breathnaíonn a shúile donna dorcha isteach ar shúile éadroma Mhairc. "Ach, ar ndóigh, is nós le daoine 'cleas' a thabhairt ar rud nuair nach bhfuil siad in ann ag réalachas áirithe. 'Sé sin, nuair nach féidir leo rud a mhíniú, má thuigeann tú leat mé."

Marc ag smaoineamh cúpla soicind ar a bhfuil ráite ag Ahmet ach 'sé an t-amhras is túisce a thagann chuige arís.

"Bhuel, céard faoin marc ar m'éadan, mar shampla? Cén chaoi a raibh a fhios agat faoi sin?"

"Marc ar d'éadan!"

"Sea," arsa Marc, go frustrach. "An ball broinne."

"Ball broinne! Cén ball broinne, a Mhairc?"

"An marc atá ar m'—"

É soiléir ar Ahmet anois go bhfuil sé ag éirí corrthónach ar fáth éigin.

"Féach, a Mhairc, brón orm cur isteach ort ach, dáiríre, caithfidh mé dul agus cuidiú le hAyça an trealamh a chur sa veain."

Agus, de chasadh boise, tá Ahmet imithe, díreach mar is dual do dhraíodóir ar bith. Agus tá Marc ina shuí ina aonar ag an mbord.

Dearmad glan ar fad déanta ag Marc ar an bpríomhchúis ar tháinig sé ag an taispeántas inniu. Cúrsaí gnó imithe as a cheann go huile agus go hiomlán. Tús áite ina intinn ag rudaí eile anois.

Agus an marc. An ball broinne. 'Cén ball broinne'? a dúirt Ahmet leis. Céard sa diabhal! Éiríonn Marc de fhloscadh, breathnaíonn siar agus feiceann comhartha na leithreas thíos ag bun an bhistró. Déanann sé lomdíreach air, buaileann an doras isteach, ansin cuireann glas air láithreach. Ansin, go mall, go hamhrasach, druideann sé a éadan leis an scáthán atá os cionn an doirtil. Leathnú ar a shúile, leathnú ar a bhéal, ansin na súile á gcúngú 'gus iad anois ar bior.

"A Mhama!" ar sé, agus breathnaíonn sé go géar air féin sa scáthán, ansin cuimlíonn sé dá thaobh a éadain lena lámha. Druideann sé níos gaire fós don scáthán. Is beag nach dteagmhaíonn a aghaidh den ghloine féin. Claonann sé ar chlé, ansin ar dheis, 's ansin ar chlé fós eile. Iontas air leis an rud a fheiceann sé ... an rud nach bhfeiceann sé, dáiríre. Idir mhearbhall agus iontas á sníomhadh féin ar a chéile ina intinn istigh. Ansin, druideann sé siar arís rud beag ón scáthán. Leis sin, tagann focail Ahmet faoin bhfáinne ina mhacalla chun a intinne: 'Hey presto! Tá sé imithe'. Cúlaíonn Marc ón scáthán agus brúnn a dhroim go tréan láidir in aghaidh chúl an dorais.

BINB

BINB

Lá deireanach an chomórtais. Eimear ina suí i bhforsheomra lasmuigh de phríomhdhoras an halla. A bróga tapdhamhsa taobh léi ar an mbínse. Gráinne Nic Eochaidh ar bhínse eile trasna uaithi agus í ag stánadh go géar ar Eimear. Gach duine á rá le fada anuas gurb í Gráinne an damhsóir is fearr sa cheantar agus gur aicise a bheidh an pháirt. 'Sí Gráinne féin, go deimhin, thar aon duine eile, a deireann gurb í féin is fearr. Agus creideann Eimear, go fiú, gurb í Gráinne is fearr, cé go dtuigeann sí go bhfuil sí féin an-mhaith freisin. Agus maidir le glór! Bhuel, ba dheacair iad a scarúint óna chéile. Dhá smólach ar bharr na gcraobh, má bhí a leithéidí riamh ann.

Iad beirt dhá bhliain déag d'aois — Eimear agus Gráinne — agus iad sa rang céanna ar scoil. Ní fhéadfaí a rá gur cairde móra iad go dtí seo ach ní namhaid iad, ach an oiread. Bhuel, ní go dtí le déanaí, ar aon chaoi, is cosúil. Tá Eimear mánla múinte inti féin i gcónaí, ach, ó tosaíodh ar chéimeanna an chomórtais, tá binb i ngach a deireann agus a dhéanann Gráinne.

Triúr ar fad a glaodh go dtí an triail dheireanach an lá seo: Eimear í féin, ar ndóigh, Gráinne agus Suzanne — an cailín atá istigh faoi agallamh faoi láthair. Damhsóirí den scoth iad uile. D'fhéadfadh aon duine díobh páirt Annie sa cheoldráma a ghlacadh go seoigh. Gan mórán aithne ag Eimear ar Suzanne, cé go bhfreastalaíonn siad ar an gcumann damhsa céanna. Ach tá meas mór ag Eimear uirthi, agus ní gan fáth: tá Suzanne bacach sa chos chlé agus, d'ainneoin sin, tá áit sa triúr deireanach seo gnóthaithe aici. Laoch má bhí a leithéid riamh ann, dar le hEimear. Ach, níl dabht ar domhan ann ach gurb iad Gráinne agus Eimear dá rogha na coitiantachta. Agus, den bheirt sin, sí Gráinne is dóchúla a gheobhaidh an bhreith.

Baintear preab as Eimear nuair a osclaítear doras an halla gan choinne aici leis.

"Go raibh maith agat, a Suzanne, a stór," arsa an bhean a bhfuil greim aici ar mhurlán an dorais. "Beimid i dteagmháil leat go luath, a chroí." Agus as go brách le Suzanne ar a bealach, agus í ag bacadaíl léi i dtreo an dorais.

Súilaithne ag Eimear ar an mbean seo ón uair dheireanach a tháinig sí le haghaidh trialach. Lorraine is ainm di. Is duine den bheirt agallamhóirí í. Duine deas. Í ard caol maorga. Cuma sheandamhsóra uirthi féin, go cinnte. Ligeann Gráinne sciotaraíl aisti le Suzanne agus breathnaíonn an t-agallamhóir go géar uirthi soicind.

"Tú féin anois, a Eimear," arsa Lorraine, agus éiríonn Eimear agus siúlann i ndiaidh na mná.

"Scot," arsa Gráinne faoina hanáil agus Eimear ag siúl thar bráid. É cloiste ag Eimear, ach níl a fhios aici an focal ceart é nó an gnúsacht de shaghas éigin é ag Gráinne chun a holc a chur in iúl.

"Ní bheidh sé i bhfad anois, a Ghráinne, nó go mbeimid leat," arsa Lorraine, agus dúnann sí an doras ina diaidh arís. Leathann siotgháire de chineál ar bhéal Ghráinne. Í á rá léi féin ina croí istigh go bhfuil an lá léi cheana féin. Ní bheidh siad i bhfad, huth! De réir tuiscint Ghráinne, is comhartha é nach gá mórán ama a chur amú le hEimear.

Eimear ina suí istigh anois agus í ina burlóg neirbhíseachta. Lorraine ar chathaoir ag an taobh eile den mbord agus an fear céanna in aice léi is a bhí ann an chéad lá. Gan a fhios ag Eimear cén t-ainm atá ar an bhfear céanna.

"Anois, a Eimear, bí ar do shuaimhneas, a thaisce," arsa an fear, de ghlór trom séimh. "Níl sé i gceist againn tú a choinneáil ach cúpla nóiméad, ar a mhéid."

Cúpla nóiméad! Eimear féin anois ag ceapadh nach deachomhartha é sin.

"Níl uainn, dáiríre, inniu," ar sé, "ach go gcanfá cúpla véarsa de *Tomorrow* dúinn ... tá a fhios agat féin, *The sun will come out tomorrow*. Más é do thoil é." Agus éiríonn an fear, téann a fhad leis an bpianó atá ag ceann eile an tseomra agus suíonn os a chomhair.

Cuireann sin drithlín ceart na neirbhíseachta ag rith trí Eimear anois. A thiarcais! Na focail! Í ar a dícheall cuimhniú orthu. Agus, chun cur leis an donas, tá méara an fhir ag tosú ar an gceol cheana féin. Ach, mar a tharlaíonn go hiondúil don té a bhfuil ceol inti, 'sé an fonn féin a thugann na focail chun a cuimhne. An gléas ceart aimsithe ag an bhfear ó thús agus tosaíonn Eimear ar an amhrán a thabhairt.

"The sun will come out tomorrow,
Betcha bottom dollar it will ..."

Agus tugann sí uaithi an chéad véarsa agus an cúrfá focal ar fhocal. Í gach pioc chomh maith agus a bhí sí riamh. Ansin, leathbealach tríd an dara véarsa:

"Is leor sin, is leor sin, A Eimear, go raibh maith agat," arsa an fear, agus stopann sé de sheinnt an phianó nuair a thosaíonn sé ar an gcaint. Ansin breathnaíonn sé i dtreo na mná.

"Sea," arsa Lorraine, agus í anois ag éirí ina seasamh, " tá sin go breá ar fad, a Eimear." Ansin tagann sí a fhad leis an gcailín óg, leagann lámh go séimh lena huillinn agus tugann go dtí an doras í. " Anois, má fhanann tú sa seomra feithimh, labhróimid leis an mbeirt agaibh tar éis agallamh Ghráinne." Ansin osclaíonn sí an doras agus ligeann Eimear amach arís.

"Anois, a Ghráinne," arsa Lorraine, agus an doras ar leathadh aici fá choinne an chailín dheireanaigh. Caitheann Gráinne camshúil le hEimear agus í ag dul thairsti.

"Jees! Trí nóiméad!" ar sí go taircisniúil, de leathchogar i gcluas Eimear. Ansin cuireann sí bréag-gháire uirthi féin agus siúlann i dtreo an dorais. Agus dúntar.

Eimear ina haonar i bhforsheomra an halla anois. Na cuimhní ag rith trína hintinn ... Í i lár an dara véarsa nuair a stop siad í. Caithfidh nach raibh sí maith a dhóthain dóibh, síleann sí. Ach airíonn sí féin gur chan sí go maith é.

Ansin casann cuimhní Eimear ar rud eile. An chaoi ar chaith Gráinne léi ó tosaíodh ar na hagallaimh le haghaidh pháirteanna in *Annie* roinnt seachtainí ó shín. Tuigeann sí go bhfuil Gráinne an-chomórtasach, ach níl aon ghá leis an mbinb, dar le hEimear.

Cuid de na rudaí gránna a dúirt Gráinne léi — is deacair iad a chreidiúint. Agus na nótaí bagracha a dtáinig Eimear orthu in áiteanna éagsúla. *MARBH* scríofa ar nóta amháin a fágadh i bpóca a cóta. *FAINIC* ar cheann eile a d'fhág Gráinne ar bharr deisc Eimear sa seomra ranga lá. Agus *BITSEACH* ar cheann eile fós. Na cuimhní anois á meascadh leis an díomá atá ar Eimear gur stopadh í sa chanadh. Gach rud ina guairneán measctha ina hintinn istigh.

Ansin, de splanc, tuiscint chuici. Tuiscint chuici. Tuiscint ar chóir a bheith aici roimhe seo, a shíleann sí. Cén chiall ligean don maistín gránna úd cur as di? Cén chiall cur suas le drochíde den chineál sin uaithi? Cén chiall dul i gcomórtas lena leithéid? Go deimhin, cén chiall comórtas de chineál ar bith? De shruth a thagann na ceisteanna chuici. Agus aon fhreagra amháin aici orthu uile: 'gan chiall ar bith'. Agus, a luaithe agus a thuigeann sí sin, tagann suaimhneas chuici. Suaimhneas intinne, suaimhneas croí, suaimhneas ar a hanam. Agus, sa suaimhneas sin, fás. Fás mór croí, fás mór anama, fás mór intinne.

Tá miongháire na sástachta ar bhéal Eimear anois agus í ina suí ar an mbínse sa bhforsheomra. Sórt támhnéal uirthi lena bhfuil de thuiscint tagtha chuici. Tá sí beag beann ar an gcanadh atá le cloisteáil sa halla le cúig nóiméad déag anuas. Gráinne istigh ag tabhairt *Tomorrow* uaithi ar dtús — lán trí véarsaí de. Ansin amhrán éigin eile. Agus, ina dhiaidh sin arís, an tríú amhrán fós. Ach focal ná an nóta féin de ní chloiseann Eimear.

Is é oscailt doras an halla a ghriogann Eimear chun lánaithne arís. Agus amach ar dtús le Gráinne agus cuma na muice raimhre uirthi. Í lán di féin. Gothaí uile na buachana uirthi. An bheirt agallamhóirí ina diaidh anois.

"Suímis anois ceathrar cúpla nóiméad le go ndéarfaimid mar atá," arsa Lorraine. "Faraor, bhí ar Suzanne dul abhaile luath. Ach is féidir linn labhairt léi-se ar ball."

Agus, leis sin, suíonn Gráinne ar an mbínse taobh le hEimear. Suíonn na hagallamhóirí ar bhínse eile os comhair na beirte. Tá cuma sceitimíneach ar Ghráinne anois, ach cuma fhéinmhuiníneach ag an am céanna. Cuma úd an bhuaiteora. Agus, maidir le hEimear, tá sise iomlán réidh inti féin. A hintinn suaimhneach. Fios a comhairle féin aici.

"Bhuel!" arsa an fear, agus stopann sé ar fáth éigin. Baineann an focal féin siar de shórt as na cailíní. Go dtí seo ba í Lorraine ba mhó a rinne caint agus ní raibh aon súil ag na cailíní lena mhalairt. "Bhuel," ar sé arís, "caithfidh mé a rá go bhfuair muid an-deacair ar fad é duine amháin den triúr agaibh a roghnú thar a chéile."

"An-deacair," arsa Lorraine, mar thacú leis an ráiteas.

"Ach, ar ndóigh, bhí orainn cinneadh a dhéanamh ar deireadh," arsa an fear, agus stopann sé den chaint soicind.

"A Ghráinne," ar sé ansin, "níl dabht ar domhan ach go bhfuil bua thar an gnáth agat." Tá Gráinne á prímeáil féin ar nós péacóige agus í ag éisteacht leis. "Is damhsóir den scoth tú," ar sé, "is amhránaí den scoth tú, agus meascann tú an dá rud sin go hiontach ar a chéile." Ansin breathnaíonn an fear ar Lorraine athuair.

"Agus tá an rud céanna fíor fútsa, a Eimear," arsa Lorraine, "agus faoi Suzanne, go deimhin."

"Ach bhí orainn cinneadh a dhéanamh ar deireadh," arsa an fear, agus é ag teacht isteach ar an gcaint arís. "Agus measaimid go bhfuil rud beag éigin breise ag duine amháin agaibh thar an bheirt eile."

"Sea," arsa Lorraine, "measaimid gurb í Suzanne is fearr do ról Annie."

Sástacht le feiceáil ar éadan Eimear. Ach alltacht ar éadan Ghráinne.

"Ach, ba mhaith linn, má tá sibh sásta," arsa an fear, "go mbeadh sibh beirt ann mar ionadaithe do ról Annie.

'Sé sin le rá, i gcás Suzanne a bheith tinn, nó rud ar bith mar sin."

"Ionadaí!" a bhéiceann Gráinne, agus í ag preabadh ina seasamh. "Mise im' ionadaí! Ar an óinseach eile sin! Ní bheidh mé, ná baol air," ar sí. Agus, leis sin, beireann sí chuici a mála agus a bróga damhsa agus amach an doras léi de rúid.

Siar aisteach bainte as na hagallamhóirí. Iad ag breathnú i ndiaidh Ghráinne, ansin féachaint ar a chéile, agus ansin ar Eimear. Ach cuma shuaimhneach ar Eimear i gcónaí. Ansin labhraíonn sí.

"Is dóigh liom," ar sí, "go bhfuil an duine ceart roghnaithe agaibh. Agus tá mise breá sásta a bheith mar ionadaí ar Suzanne."

SMEÁMH

SMEÁMH

Séideán sneachta ina chuilithíní isteach trí'n bhfuinneog oscailte a dhúisigh mé. Bhí an millisoicind ann, díreach i ndiaidh dom mo shúile a oscailt — nó an roimhe sin a tharla — nuair a shíl mé go bhfaca mé San Nioclás ag léim amach an fhuinneog.

"Haí, a Phete," arsa mise go díograiseach, "an bhfaca tú é sin?"

Meánfach ag mo dheartháir sa leaba thall, ansin torann clamprach a choirp á chasadh. Agus leis sin, gnúsacht, de chineál.

"A Phete, an bhfaca tú é?"

"Óra, cén diabhal atá ort an tráth seo den mhaidin?" ar sé, agus boirbe ar a ghlór.

"San Nioclás, a Phete, tá sé díreach tar éis dul amach an fhuinneog."

An dara casadh sa leaba 's ansin casadh eile fós. "Ó, in ainm Chroim! Ag brionglóideach atá tú, a bhuachaill," ar sé. "Ar chaoi ar bith, ní amach an fhuinneog a théann sé ach suas an bloody simléar."

An ceart aige, ar ndóigh, agus tuige nach mbeadh! Nach raibh sé dhá bhliain níos sine ná mé agus an uile ní ar domhan feicthe aige thar mar a bhí feicthe agamsa. Ach bhí mé cinnte de go bhfaca mé ag dul amach an fhuinneog é. D'ainneoin sin, bhreathnaigh mé fallaí an tseomra. Ceithre cinn díobh. Ba dhócha nach bhféadfaí síleáil nó urlár a áireamh ina bhalla. Iad siúd amháin a sheas go hinghearrach le hurlár nó síleáil a áireofaí mar bhallaí i ndomhan na heaspa samhlaíochta — domhan na ndaoine fásta. Ceithre cinn díobh, más ea. Sea, ceithre bhalla, mórán mar a bheadh i ngnáthsheomra ar bith, is dócha. Ach simléar nó poll de chineál ar bith ní raibh le feiceáil iontu — bhuel, seachas an poillín beag sin sa chlár ciumhaise a raibh na luchóigíní in ainm 's a bheith isteach 's amach tríd. An poillín sa chlár ciumhaise! San Nioclás! Meas tú! San Nioclás? Naw, ní fhéadfadh.

"Ach, a Phete, níl aon simléar sa seomra seo."

Osna mhór fhada uaidh an babhta seo, casadh eile fós, ansin d'ardaigh é féin ar leathuilleann agus bhreathnaigh go géar orm.

"In ainm dílis Dé, nach bhfuil a fhios agam go rímhaith nach bhfuil aon bhloody simléar sa seomra seo! Codlaímse anseo freisin, a bhuachaill, bíodh a fhios agat, agus tá mé níos sine ná thú chomh maith." Agus, leis sin, bhain sé a mheáchan den leathuilleann agus thit siar de phlimp ar an tocht athuair.

Sea! Níos sine! Ach an poillín sin sa chlár ciumhaise ... Is ar mo thaobhsa den tseomra a bhí sé. Níorbh hin amháin é ach bhí sé ag bun an fhalla úd a bhí buailte leis an taobh istigh de mo leabasa. Seans nach bhfaca Pete le fada fada é. Go deimhin, ní fhaca mé féin le fada fada é. Seans go raibh sé éirithe an-mhór faoin am seo. Seans gur tollán a bhí ann — tollán a bhí ceangailte leis an tsimléar, pé áit a ndeachaigh sé sin suas trí struchtúr an tí. Tollán a bheadh áisiúil go maith do San Nioclás mar bhealach chun an tsimléir. Tollán, b'fhéidir, a bheadh mór a dhóthain do Rudalf agus dá chomhréinfhianna leis.

De ghluaiseacht mire a thum mé mo chloigeann i dtreo an urláir, d'ardaigh imeall na cuilte agus bhreathnaigh isteach faoin leaba. Thóg sé tamaillín orm dul i dtaithí ar an dorchadas istigh ach, in imeacht roinnt soicindí, d'aimsigh mo shúile barr an chláir chiumhaise. Lean mé fad an chláir ag cuardach an phoill. Is poll é poll i gcónaí, a shíl mé dom féin, go fiú má tá sé bun os cionn. Agus aillilíú! B'in ansin é, san áit a raibh sé i gcónaí: poillín na luchóigíní sa chlár ciumhaise. Ach é beag i gcónaí leis, chomh beag céanna is a bhí sé an uair dheireanach a bhreathnaigh mise air.

Shíl mé glaoch ar Phete athuair lena rá leis nach trí'n gclár ciumhaise a tháinig San Nioclás ar aon chaoi agus gur cinnte nach trí sin a d'éalaigh sé. Ansin rith sé liom nach raibh rud ar bith ráite agam leis faoin bpoillín ar aon nós. B'fhearr gan é a lua ag an bpointe seo. 'S nach raibh sé dhá bhliain níos sine ná mé ar chaoi ar bith agus nithe ar a eolas aige nach raibh agamsa.

Ach mé cinnte de ar feadh an ama gur trí'n bhfuinneog a chonaic mé ag imeacht é. Í ar lánoscailt i gcónaí. 'S nach raibh an fhuinneog chéanna dúnta go daingean agus mise ag dul chun na leapa san oíche aréir.

Meas tú!

Chaith mé díom an chuilt agus shiúil go hamhrasach i dtreo na fuinneoige. Fuaire an tséideáin ar mo chliabhrach 's ar m'aghaidh agus mé ag druidim leis — í om ghriogadh, om phriocadh, om phríméáil do dhraíocht ghártha na maidine seo. Cuilithíní boga sneachta ag spallaíocht le craiceann m'éadain go fiú sular shrois mé an fhuinneog féin. Ansin sheas mé go dána san oscailt agus bhreathnaigh uaim amach. An domhan mór amuigh ina bhán. Báine na gcrann, báine na talún, báine na sléibhte. An uile ní ina bhán. Gach uile ní ach amháin an stráice dearg úd a bhí i bhfad amach uaim. Ní cuimhin liom é sin a fheiceáil cheana — é gar do bhun an tsléibhe. Leathchuma air go raibh gluaiseacht éigin faoi, cibé a bhí ann. Sea, go cinnte, bhí gluaiseacht faoi ceart go leor. Rud éicint á tharraingt, ba chosúil.

Chrom mé ar aghaidh, shín mo chloigeann amach trí oscailt na fuinneoige, d'fháisc mo shúile agus bhreathnaigh rud beag níos géire ar an stráice dearg úd. By daid, ná habair! San Nioclás féin! San Nioclás agus lánfhoireann de réinfhianna ag greadadh leo in aghaidh an tsléibhe. An croí ag rásaíocht i mo chliabhrach istigh. É ag pramsach. San Nioclás! Agus, leis sin, amhail is go raibh gloine fhormhéadaithe agam le breathnú air san imeacht, chas San Nioclás a chloigeann agus bhreathnaigh siar im threo. Bhí sé míle slí uaim nó níos mó, b'fhéidir, ach bhí a aghaidh mar a bheadh sé díreach os mo chomhair — luisne na deirge ina ghrua, meangadh groíúil ar a bhéal agus gile na féasóige air chomh bán leis an sneachta féin. Chaoch sé leathshúil orm, d'ardaigh a dheasóg agus chroith an clog mór práise a raibh greim aige air. Dhamhsaigh an ghrian go glioscarnach i ngile na práise agus fógraíodh cling cleaing clagarnach an chloig ina mhacalla i measc na sléibhte.

"Céard é sin, céard é sin?" a bhéic mo dheartháir, é á tharraingt féin aníos caoldíreach sa leaba.

"Céard é féin?" arsa mise, mé ag cúlú anois ón bhfuinneog 's á dhúnadh i mo dhiaidh.

"An torann sin — an clog."

"Clog, a Phete! Níor chuala mise dada. Ag brionglóideach atá tú, ní foláir."

"Sea, clog" ar seisean, "is cinnte gur chuala mé clog."

Searradh na nguaillí a bhain mé asam féin. Huth, clog! A leithéid de sheafóid! Ach, ar ndóigh, cá bhfios. D'fhéadfadh sé go raibh Pete ceart mar, nuair a chuimhnigh mé air, nach raibh sé dhá bhliain níos sine ná mé agus i bhfad Éireann níos mó ar a eolas aige ná mar a bhí agamsa. Chas mé mo dhroim leis agus bhreathnaigh arís i dtreo na fuinneoige agus leath meangadh mór leathan ar mo bhéal.

SUÁILCE

SUÁILCE

"Agus cuimhnigí gan dul gar do gheata an tseanfhir chraiceáilte sin thuas."

De bhéic i ndiaidh na bpáistí a dúirt Mam an méid sin agus Kylie agus Robbie ar a mbealach amach doras tosaigh an tí.

"Ceart go leor, a Mham, ní rachaidh," arsa Kylie, agus rug sí léi dhá channa stáin agus tharraing sí an doras ina phlab ina diaidh.

Níorbh í Mamaí Kylie agus Robbie an t-aon mháthair a bhí ag cur fainice ar a páistí faoi gan dul gar don gheata céanna le déanaí. Ní raibh insint ar na scéalta a bhí ag dul thart faoin gcraiceálaí céanna — nó Mícheál Ó Broin, mar ba chirte ainm dó — agus faoin gcaoi ar chaith sé go dona drochbhéasach le daoine le cúpla bliain anuas.

Sean-bhaitsiléir ab ea an Broineach a raibh a fheirm talún buailte le haillte cáiliúla. Gar do na haillte féin, bhí ionad mór turasóireachta tógtha chun freastal ar na slódanna cuairteoirí a thagadh len iad a fheiceáil. Bhí lána a thrasnaigh cuid d'fheirm Mhíchíl Uí Bhroin a raibh cead slí don phobal é a shiúl ar an mbealach chun na haillte dóibh. Agus, ag dá cheann an lána chéanna, bhí geata a mbíodh fógraí réasúnta cúirtéiseacha orthu tráth dá raibh. Leithéidí 'Dún an geata i do dhiaidh, le do thoil', nó 'Ná fág an geata ar leathadh, más é do thoil é', agus mar sin de.

Ach, ar ndóigh, bhí an corrdhuine ann a rinne faillí agus a d'fhág an geata gan dúnadh ó am go chéile. Easpa cúirtéise, ar ndóigh, easpa tuisceana do chás an fheirmeora a raibh beithigh nó caoirigh le coinneáil istigh aige. Muintir na cathrach, b'fhéidir, nó cuairteoirí ó Mhór Roinn na hEorpa, nó, ar uaireanta eile fós, Meiriceánaigh. Ba é bun agus barr an scéil é gur daoine iad, de chineál amháin nó cineál eile, nach raibh luí ná tuiscint acu le bealaí na tuaithe.

I dtús ama ní raibh ann ach gur chuir faillí na gcuairteoirí as do Mhícheál Ó Broin. D'athraigh sé na comharthaí a bhí crochta ar na geataí agus shíl sé gur leor sin chun an fhadhb a réiteach. Anois ní raibh an fhoclaíocht baileach chomh cúirtéiseach agus a bhíodh tráth. É níos boirbe. Grod. Giorraisc. 'Dún an geata', nó 'Is feirm í seo — TUIG SIN', nó go fiú 'Níl aon fháilte roimh strainséirí ar an lána seo!'

Níorbh fhada go ndearna cuairteoir nó dhó gearán leis na húdaráis turasóireachta faoi dhearcadh frithchairdiúil Mhíchíl Uí Bhroin. Bhí siad á rá go raibh cead slí dlíthiúil acu an lána a shiúl ar a mbealach chun na haillte dóibh. Agus, ar ndóigh, bhí an ceart acu. Agus, de thoradh ar na gearáin sin, chuaigh na húdaráis chun cainte leis an mBroineach. Mhínigh siad dó go raibh sé de cheart ag daoine an lána a shiúl agus nár chóir aon chosc a chur orthu ar sin a dhéanamh. Ach, nuair a d'ardaigh Mícheál Ó Broin ceist an gheata a bheith á fhágáil ar oscailt, níor tugadh aon éisteacht dó. Nó, nuair a luaigh sé nach raibh aon euro nó an cent rua féin á thuilleamh aige as na cuairteoirí, ní raibh oiread agus focal le rá ag na húdaráis faoi sin. Bhí méadú ag teacht ar fhearg an Bhroinigh.

Níorbh fhada gur fhás an fhearg sin ina ghoimh agus bhí sin le feiceáil go soiléir ar na fógraí nua a d'ardaigh Mícheál ar na geataí. 'Talamh Phríobháideach — FAN AMACH!' scríofa ar cheann acu. 'DAINSÉAR: Tarbh ar an bhFeirm seo' ar cheann eile. 'An Fheirm seo á cosaint ag Rottweiler' mar bhagairt ar chomhartha eile fós. Agus, de réir mar a chuir sé suas na fógraí sin, bhí an naimhdeas in aghaidh an chine dhaonna ag méadú ina chroí.

Cuairt eile chun an tí ag na húdaráis, ach níor lig Mícheál thar thairseach an uair seo iad, gan trácht ar bholgam tae a thabhairt dóibh. Bhéimnigh sé dóibh gur cóir íocaíocht éigin a bheith á fáil aige le daoine a ligean ar an lána. "Nach bhfuil na mílte euro á saothrú ag an diabhal ionad sin thuas toisc cuairteoirí a bheith ag trasnú mo thalamhsa, 's gan tada agamsa as," ar sé leo.

'S go deimhin, ba mheasa fós an lá sin é nuair a bhagair sé an raidhfil ar na húdaráis. Agus, by daid, chuir sin ó dhoras iad gan mhoill gan impí.

'S ansin, anuas ar an mbagairt sin, dhá ghlas mór ar chaon gheata agus fógra mór cinniúnach ar an ngeata ba ghaire don teach feirme: 'Lámhachfar aon duine a leagann cos ar an lána seo'. Tháinig litir in imeacht chúpla lá ag tabhairt ordú dó an fógra sin a bhaint anuas ar an toirt agus na glais a bhaint de na geataí láithreach. Ach a mhalairt ar fad de smaoineamh a bhí ag an mBroineach. Ní hamháin nár bhain sé na glais ná an fógra ach rinne sé an dara fógra leis an bhfoclaíocht chéanna air a chur suas ar an ngeata ag ceann eile an lána. Agus, go luath ina dhiaidh sin arís, tháinig sé amach as an teach uair nó dhó agus dhírigh an gunna ar chuairteoirí. Níorbh fhada gur scaip an scéal faoi sin agus d'éirigh turasóirí as an lána a úsáid ar chor ar bith agus, ina áit sin, thaistil siad an príomhbhóthar chun an ionaid.

Ach fásann scéal ar scéal, agus rinne na daoine áitiúla a gcuid féin de na tuairiscí a bhí ag dul thart faoi Mhícheál Ó Broin. Níorbh fhada go raibh ráflaí as béil na ndaoine gur scaoil sé an gunna faoi chuairteoir amháin ach nár aimsigh sé é. Ansin scéal eile á rá go raibh eachtrannach éigin san ospidéal agus piléar ina chois aige. Agus an tríú ráfla fós faoi go raibh bean óg Ghearmánach ar leaba a báis toisc gur scaoil Mícheál Ó Broin bleaist den raidhfil fúithi. Ba í an chaint i mbéal an phobail áitiúil nár chraiceálaí ná chantalaí a thuilleadh é an Broineach, ach mearaí de dhúnmharfóir. Ní raibh an 'dúirt bean liom go ndúirt bean léi' ann mar scéal i gcomparáid lena raibh á rá faoi. Ach rud amháin a bhí fíor ab ea nach ndeachaigh duine ar bith — go fiú muintir na háite — i bhfoisceacht scread asail de na geataí sin le fada an lá anuas.

Bhí fainic Mhamaí go hard ina n-intinní ag Kylie agus Robbie nuair a d'fhág siad an teach an tráthnóna Fómhair sin. Ach, de réir mar a d'imigh siad leo idir shiúl agus stopadh, agus iad ag baint na sméar álainn dubh de na sceacha, chúlaigh focail Mhamaí siar siar ina gcuimhní. Bhí siad ag oibriú agus ag piocadh leo agus iad ag éisteacht le plimp na sméar ag titim isteach sna cannaí stána nuair a chuala siad torann gliograch éigin nach raibh ar aon dul le torann titim na sméar. Fuaim chlagarnach chlaicearnach a bhí ann, rud a ndearna siad ciall de nuair a chas siad a gcloigne agus d'fhéach uathu. Leath béil na bpáistí le hiontas agus sheas na súile amach ar logaill a gceanna lena raibh d'fhaitíos orthu.

"Céard sa diabhal atá ar siúl agaibhse beirt anseo, eh?" arsa Mícheál Ó Broin, de ghlór garbh grágach. Agus ní raibh dá aghaidh le feiceáil ach an smig agus an cláréadan mar go raibh baraille an raidhfil fásctha lena bhéal agus lena shrón. Taobh thíos de na páistí a bhí sé, rud a d'fhág nach bhféadfaidis éalú gan dul thairis. Agus bhí an geata cáiliúil úd ar a gcúil agus an dá ghlas air i gcónaí.

"Ní raibh muid ag dul gar do do gheatasa, a Mhic Uí Bh—"

"Bí ciúin, a chailín," arsa an Broineach go grod, agus chuir sin deireadh le caint Kylie. "Cé sibh féin ar aon chaoi?"

Bhí creathán ar liopaí Kylie agus í ar tí labhairt.

"Is sinne Kylie agus Robbie Sandair, páistí Eoin agus Sorcha Sandair," ar sí. Dá dhonacht é faitíos Kylie, ba mheasa míle uair é an eagla a bhí ar Robbie bocht. Bhí na súile ar bior ina cheann agus d'airigh an créatúirín a chroí ina chliabhrach istigh agus é ag preabarnach in aghaidh na n-easnacha. Dá dteastódh uaidh é, go fiú, ní fhéadfadh sé an dá fhocal féin a chur le chéile lena raibh d'fhaitíos air. Bhí leathsmaoineamh ina chloigeann aige rith ar nós an diabhail, ach shíl sé go mb'fhéidir go scaoilfeadh an Broineach an gunna leis dá ndéanfadh sé sin.

"Muintir Sandair, huth!" arsa Mícheál. "Thiar ar an mBaile Nua, an ea?"

"Sea. Sea, a dhuine uasail, sin muid. Muintir Sandair ar an mBaile Nua," agus bhí rian den dóchas ar chaint Kylie an uair seo. Shíl sí gur aithin sí boige ar ghlór Uí Bhroin nuair a luaigh sí leis cé hiad féin.

"Sea," arsa Mícheál, go machnamhach. "Sea, is dóigh liom go bhfuil aithne agam ar do Dheaide ceart go leor. Múinteoir scoile é, nach ea?"

"Sea, a Mhic Uí Bhroin, múinteoir Matamaitice." Bhí an-chúirtéis go deo á léiriú ag Kylie, ach má bhí féin, ba mheasa ná riamh é an scéin a d'airigh Robbie beag ar a chroí istigh.

D'airigh Kylie boige bhreise fós ar an mBroineach agus thug faoi deara go raibh an raidhfil íslithe lena chromán cheana féin aige.

"Agus cén aois tusa, a Kylie, agus do dheartháirín … Robbie, nach ea?" arsa Mícheál, agus dhruid sé méidín beag i dtreo na bpáistí.

D'aithin Kylie anois air go raibh an bhoirbe a bhí air ar dtús imithe nach mór, agus ba mhó a suaimhneas féin anois.

"Bhuel, tá mise dhá bhliain déag d'aois agus tá Robbie beagnach seacht go leith."

"Beagnach seacht go leith, by daid!" arsa Mícheál, agus chrom sé i dtreo Robbie. Ach, leis sin, tháinig sceimhle mór ar Robbie bocht. Scréach sé in ard a ghutha agus rith de sciuird thar an mBroineach agus bhuail ina choinne nuair a rinne sé sin.

Leis sin, thit Mícheál siar beagán agus, de thimpiste, rinne a chorrmhéar truicéar an raidhfil a tharraingt agus rinne an seanfhear é féin a lámhach sa chos. Níor dada é an scréach úd a scaoil Robbie uaidh ar ball beag i gcomparáid le liú na péine a lig Mícheál as. Chrom sé agus chorraigh sé agus gheonaigh sé lena raibh de ghortú ar an bhfear bocht. Tháinig Kylie chuige láithreach. Bhí gach a tharla feicithe go soiléir aici, ar ndóigh, mar bhí sise ina seasamh díreach os a chomhair nuair a tharla an tubaiste. Ach, maidir le Robbie, bhí seisean bailithe glan leis agus é ag déanamh caoldíreach ar an mbaile. Ní raibh rian de le feiceáil seachas an canna stáin a bhí fós ag rabhláil leis go gliograch ar an talamh leathbhealach idir ionad na tubaiste agus an áit ar imigh an leaidín óg as radharc. Dhruid Kylie chuig Mícheál agus chuidigh leis suí. Rinne sí iarracht an bhróg a bhaint de ach ní dhearna sin ach cur le pian agus le scréachaíl Mhíchíl bhoicht.

"Ná bí buartha, a Mhic Uí Bhroin," arsa Kylie leis go mánla, "tiocfaidh Mam nó Daid ar an bpointe nuair a shroiseann Robbie baile."

Bhuel, ba mhaith ab eol do Kylie nósanna Dhaid agus Mham. In imeacht chúpla nóiméad, chonaic sí chuici iad beirt sa charr agus Robbie féin ar chúl. Léim na tuismitheoirí as an gcarr ar shroisint láthair na tubaiste dóibh agus rinne díreach ar Kylie.

"Timpiste a bhí ann, a Dhaid," arsa Kylie. "Bhí Mac Uí Bhroin an-deas linn, ach níor thuig Robbie sin. Tháinig eagl—"

"Tuigimid sin, a chroí, tuigimid sin," arsa Daid, agus é ag cur isteach ar an sruth mór cainte a raibh Kylie ar tí scaoileadh leis. Chrom sé taobh leis an seanfhear. "Beidh tú ceart go leor, a Mhíchíl, beidh tú ceart," ar sé. Ansin, chas sé i dtreo Mham. "Tá an fón póca sa charr agam, a chroí," ar sé léi. "Cuir scairt ar an Dochtúir Ó Duibhir agus abair leis go bhfuil seo práinneach."

Bhuel, dochtúir, ospidéal agus uile eile, agus abhaile arís le Mícheál Ó Broin taobh istigh de sheachtain tar éis na timpiste. Agus, go deimhin, is olc an ghaoth nach séideann maith éigin, mar a deir an seanfhocal. Le linn do Mhícheál a bheith san ospidéal thug Clann Sandair cuairteanna laethúla air agus chuir aithne cheart air, rud nach raibh acu roimhe sin. D'fhoghlaim siad gur frustrachas ba bhunús lena chantal agus nár dhrochdhuine é ar chor ar bith, ach a mhalairt ar fad. Níor thóg sé i bhfad ar Robbie beag an scanradh a chur de agus a thuiscint gur duine mánla groíúil é an seanfhear. Agus, i ndiaidh do Mhícheál teacht abhaile ón ospidéal, agus go dtí an lá seo féin, go deimhin, thug duine amháin nó duine eile de mhuintir Sandair cuairt air gach lá.

Ní hamháin gur éirigh le Mícheál gach olc a bhí air a chur de, ach ghéill na húdaráis ar deireadh go raibh cás éigin aige i ndiaidh do Dheaide Kylie agus Robbie dul chun cainte leo. Nach aisteach é, ach tá sé anois ina gheatadóir ag ceann an lána agus íocaíocht seachtainiúil á fáil aige as an jab sin a dhéanamh. Agus níl srian ar an gcaint a dhéanann sé le cuairteoirí agus ar an eolas a thugann sé dóibh faoi iontais an cheantair. Agus, mar sméar mhullaigh air sin uile, nuair a bhíonn ar Mhícheál sos a ghlacadh sna tráthnóntaí, is é Robbie a sheasann isteach ina áit ag an ngeata. Agus, ar ndóigh, faigheann seisean cúpla euro dó féin as sin a dhéanamh.

COR

COR

Trí euro déag eile. Gan uathu ach an méidín beag sin. Ach ba léir ag an bpointe seo nach raibh Dairíne agus Risteard Ó Fatharta chun dóthain airgid a charnadh in am chun an sprioc a leag siad rompu a bhaint amach.

Oíche Nollag a bhí ann agus, cé go raibh súil éigin acu le teacht Dhaidí na Nollag, bhí an spiorad íseal iontu. Níorbh ionann a mbíogúlacht an oíche mhór seo leis an oíche chéanna an bhliain roimhe sin. I mbliana, i lár mhí Mheán Fómhair — sea, go deimhin, ar an dara lá déag de Mheán Fómhair, breithlá Dhairíne — bheartaigh an bheirt pháistí airgead a chur le chéile chun cuidiú ar bhealach éigin le daoine a bhí bocht nó faoi mhíbhuntáiste de chineál éigin.

"Sea, sin é a dhéanfaimid, a Ristí," a d'fhógair Dairíne, lá úd a breithlae. "Baileoimid oiread agus is féidir linn idir seo agus an Nollaig, agus pé rud a bhíonn againn ag an am sin tabharfaimid do na bochtáin é." A leithéid d'uaisleacht, 's gan í ach in aois a hocht an lá sin.

Is iomaí síol beag a chuirtear a dtagann fás mór air agus is amhlaidh a bhí sa chás seo. Cé nach raibh Risteard ach sé bliana d'aois ag an am — bhuel, 'sé agus trí cheathrú', mar a déarfadh sé féin le duine ar bith a chuirfeadh ceist air, agus, go fiú, le daoine nach gcuirfeadh aon cheist air chomh maith — bhí smaoineamh aige féin láithreach. "Cén fáth nach gceannaíonn muid garraí?"

"Garraí, a Risteaird!" B'aisteach é, ach ní inniu ná inné a thug Risteard faoi deara go dtabharfadh a dheirfiúr 'Ristí' air nuair a bheadh dea-aoibh uirthi, ach gur 'Risteard' a bhí ar bharr a goib aici nuair a bheadh sí feargach nó mífhoighneach leis.

"Sea, garraí, agus tógfaimid tithe air."

"A Risteaird, caithfidh an rud a dhéanfadh muid a bheith réalaíoch."

Bhí cuma na míthuisceana ar aghaidh Risteaird.

"Réalaíoch!" ar sé. "Céard a chiallaíonn sé sin, a Dhairíne?"

"Réalaíoch, a Risteaird! Ciallaíonn sé ... ciallaíonn sé ... Á, ná bac lena gciallaíonn sé, níl sé indéanta." D'aithin sí láithreach ar éadan Risteaird go raibh sé chun ceist eile a chur faoi céard ba chiall le 'indéanta', ach d'fhéach sí go géar air agus chuir sin deireadh leis sin. "Ar chaoi ar bith, chuala mise Daidí agus Mamaí ag caint an lá cheana agus bhí siad á rá go gcosnódh sé na mílte euro chun go fiú an paiste beag ar a bhfuil an teach s'againne féin tógtha a cheannach."

"Na mílte euro!" arsa Risteard, agus an dá shúil ina chloigeann ar leathadh amhail is go bhfaca sé taibhse lom láithreach os a chomhair.

"Seachtó míle, ar a laghad," a chuala mé Daidí á rá," arsa Dairíne, "'s gan ansin ach praghas an phaiste féin".

"Seachtó míle!"

"Sea, ar a laghad, a Risteaird."

"Ar a laghad," arsa an buachaillín leis féin, agus tuairim aige ón tuin ghutha a chuir Dairíne uirthi féin nár bheag an méid é sin.

"Agus cé mhéid é seachtó míle, a Dhairíne?" arsa an gasúirín, agus a dhá shúil mhór ghorm casta suas ina chloigeann aige agus é ag breathnú ar a dheirfiúr.

Bhí sí chun féachaint go géar arís air ach, nuair a chonaic sí na súile móra gorma agus an grágán tiubh de ghruaig fhionn chatach air, mhaolaigh an fhearg uirthi. Chuir sí a lámha timpeall air, phóg an cloigeann catach agus rug barróg mhór ar an mbuachaillín.

"Tá sé ró-mhór, a Ristí a chroí, ach feicfimid mar a tharlaíonn amach anseo."

D'imigh na laethanta agus, de réir mar a d'imigh, tháinig fás ar an tuairim in intinn Dhairíne nach mbeadh an smaoineamh a bhí aicise agus ag Risteard i dtaobh garraí a cheannach indéanta. Ba mhór an trua é ach sin mar a bhí. Ní raibh aon leigheas air ná bealach timpeall air, dar le Dairíne. Ar bhealach, bhí Risteard féin mórán den mheon céanna faoin am seo, cé, ar chaoi éigin, go raibh splaincín beag dóchais ar chúl a chinn aige i gcónaí.

Agus an splaincín beag dóchais sin — ba mhaith ann é. É ag druidim le deireadh Mheán Fómhair, nuair a tharla lá, sa seomra ranga, gur thosaigh múinteoir Risteaird, Bean Uí Bhriain, ag insint scéil faoi na bochtáin sa Tríú Domhan.

"Ní hionann, mar shampla, euro anseo in Éirinn agus euro áit éigin sa Tríú Domhan," arsa Bean Uí Bhriain.

"Gabh mo leithscéal, a mhúinteoir," arsa Risteard ar an toirt, "dúirt mo Dhaidí liomsa nach bhfuil aon euro sa Tríú Domhan, nach bhfuil an euro ach amháin san Eoraip. Agus is baincéir é mo Dhaidí agus bheadh a fhios aige faoi na —"

"Ceart go leor, a Risteaird, maith an buachaill. Agus tá do Dhaidí ceart nuair a —"

"Ach dúirt tusa faoin euro sa Tríú Domhan agus —"

"Anois, lig dom mo scéal a chríochnú, a Risteaird, mar a dhéanfadh buachaill maith, agus feicfidh tú a bhfuil i gceist agam."

Bhí bealach deas ag Bean Uí Bhriain le Risteard a láimhseáil. Thuig sí gur buachaillín é a raibh a chloigeann lán de cheisteanna, lán d'fhiosracht faoin tsaol, lán, thar rud ar bith eile, den charthanacht. Ní raibh sí riamh mífhoighneach leis mar bhí a fhios aici i gcónaí gur le croí mór a chuirfeadh Risteard ceist ar bith.

"Is é a bhí i gceist agam, a pháistí, nuair a dúirt mé nach ionann euro in Éirinn agus euro sa Tríú Domhan ná nach ionann an méid is féidir a cheannach le luach an euro sa dá áit." Agus chaoch Bean Uí Bhriain leathshúil ar Risteard agus í á mhíniú sin. Chaoch Risteard féin leathshúil uirthise agus lig miongháire léi, ansin shuigh suas go haireach chun a raibh le teacht a chloisteáil.

"Tógaimis, mar shampla, an méid a d'íocfá ar bhuilín

aráin anseo in Éirinn — thart ar €1.50, nach ea?"

"Is féidir é a cheannach ar €1.47 sa siopa in aice le mo theachsa," arsa an cailín a bhí ina suí in aice le Risteard."

"An féidir, a Orla! Bhuel, maith an cailín," arsa Bean Uí Bhriain, "ach déarfaimid €1.50 chun an sampla a dhéanamh simplí."

Bhí na páistí faoi dhraíocht ag an mbealach deas mánla a bhí ag an múinteoir — Risteard, ach go háirithe.

"Bhuel, a pháistí, meas tú cén méid a d'íocfá ar an mbuilín sin san India nó san Afraic nó i Meiriceá Theas, b'fhéidir? Céard a cheapann sibh, huth?"

Ar ndóigh, áit go mbíonn scór páiste bíonn, ar a laghad, scór tuairim dhifriúil ar cheist den chineál sin. Agus thug Bean Uí Bhriain seans do gach aon duine díobh freagra a thabhairt. Go deimhin, scríobh sí gach ceann de na freagraí ar an gclár dubh, ansin tháinig ar aghaidh léi i dtreo na bpáistí arís. Bhí súile na ndaltaí ar bior ina gcloigne agus iad ag fanacht ar an bhfreagra ceart.

"Anois," arsa Bean Uí Bhriain, "cén méid a dúirt mé a chosnódh an builín anseo in Éirinn?"

"Aon euro caoga," ar siad d'aonghuth.

"Go maith. Bhuel, sa Tríú Domhan, b'fhéidir nach gcosnódh an builín sin ach cúig nó deich cent."

"Wow!" arsa na páistí d'aonghuth.

D'aithin an múinteoir mar a chuaigh an píosa eolais sin i gcion ar na daltaí. Ní dúirt sí rud ar bith go ceann roinnt soicindí, í ag ligean do smaointe na bpáistí a bheith ar gor ina n-intinní tamaillín."

"Samhlaigh, mar sin, a pháistí, an méid a chosnódh úll nó bainne nó rud beag simplí den chineál sin. Cúpla cent, b'fhéidir, sin an méid."

Tamall ciúnais arís ann. D'ardaigh cailín amháin a lámh agus d'fhiafraigh:"Cén méid a chosnódh carr, a mhúinteoir?"

Ansin ceann eile ag fiafraí "cén costas a bheadh ar fholús-ghlantóir?" 'S ansin ceann eile fós, 'gus ceann eile 'gus ceann eile 'gus ceann eile go dtí, ar deireadh, go raibh ar Bhean Uí Bhriain a fhógairt nach nglacfadh sí ach le haon cheist amháin eile. B'ansin a d'ardaigh Risteard a lámh.

"Cén méid a chosnódh garraí, a Bhean Uí Bhriain?"

"Garraí, a Risteaird!" ar sí, agus ba léir ar a tuin ghutha gur chuir an cheist iontas de chineál uirthi. "Bhuel, sin ceist an-spéisiúil ar fad agus, chun an fhírinne a rá, níl a fhios agam. Ach, b'fhéidir gur féidir linn a fháil amach."

Agus ba de bharr gur chuir Risteard an cheist sin an lá úd go bhfuair sé amach go raibh scéim ag an eagras *Trócaire* chun rudaí a cheannach do mhuintir an Tríú Domhain. Níor thóg sé ach seachtain ar an eolas teacht ar ais chuig Bean Uí Bhriain agus thug sise an leabhrán eolais a tháinig ó *Thrócaire* do Risteard. Dheifrigh sé abhaile ar nós na gaoithe an lá sin chun a insint do Dhairíne faoina raibh faighte amach aige.

"Ó, a Ristí, féach ar féidir a cheannach," arsa Dairíne,

agus iontas uirthi. "Tá céachta ann ar seasca cúig euro, agus ál sicín ar níos lú ná trí euro déag, agus gabhar ar thriocha hocht," ar sí, agus leathanaigh an leabhráin á gcasadh aici ceann ar cheann. "Agus ailliliú!" ar sí, le teann ríméid, "féach seo, a bhuachaill," agus leag sí an leabhrán oscailte anuas ar chlár bhord na cistine. Agus b'in ansin é, garraí breá glas féarach ar aon chéad agus fiche seacht euro."

"Yahú!" arsa Ristí, de bhéic, "yahú, yahú, yahú-ahú-ahúúúú!" Dhruid Ristí an leabhrán chuige agus chonaic an fhianaise ansin os a chomhair. By daid! Cé a chreidfeadh é. Heachtár mór talún ar aon chéad fiche seacht euro! Talamh feirme, é beag go leor ach, mar sin féin, nach dtabharfadh sé slí bheatha do chlann bhocht éigin. Agus cá bhfios nach fada nó go mbeadh ar chumas na ndaoine teach a thógáil dóibh féin. Aon chéad fiche seacht! Ba mhór an difríocht idir sin agus an seachtó míle a luaigh a dtuismitheoirí an oíche úd a chuala Dairíne iad ag caint.

Bhuel, tar éis an lae sin ní raibh stop ar an mbeirt óg ach a bheith ag sábháil ar nós an diabhail. Bhí airgead póca chuile sheachtain ar cuireadh sciar maith de i dtreo na hiarrachta. Bhí jabanna beaga breise a rinne siad ar fud an tí a thuill beagán eile dóibh. Bhí milseáin agus uachtar reoite agus liomanáid agus a fhios ag Dia féin céard eile ar dhiúltaigh siad dóibh agus ar thóg siad an t-airgead orthu ina n-áit. É sin uile chun sprioc aon chéad agus fiche seacht euro a bhaint amach faoin Nollaig.

Bhuel, bhí sin agus uile ann, ach, má bhí féin, b'in ansin iad Oíche Nollag agus iad an trí euro déag gann. Mam agus Daid ar na cathaoireacha sócúla ag breathnú orthu agus trua ina gcroíthe acu dóibh tar éis na h-iarrachta a bhí déanta ag a bpáistí. Bhí fonn caoineadh ar an mbeirt óg, dáiríre. Idir bhoinn agus nótaí euro ar chlár an bhoird os a gcomhair agus iad á gcomhaireamh agus á n-athchomhaireamh. Iad ag súil leis ar feadh an ama go dtarlódh míorúilt éigin a thabharfadh suas go dtí an sprioc é. É sin nó gur míchomhaireamh a rinne siad ar an airgead an uair roimhe sin, agus an uair roimhe sin arís. Ach níorbh ea, faraor géar.

"Aon chéad agus ceathair déag, a Ristí," arsa Dairíne. "Agus sin le hairgead an dá chuntas taisce atá in Oifig an Phoist againn san áireamh." Phlab siad beirt a n-aghaidheanna ina lámha agus lig osna uathu.

"Seo, seo, mo chroí sibh beirt, ní hé deireadh an domhain é," arsa Daid, é ag éirí den chathaoir agus ag teacht chucu. D'ardaigh sé suas iad, duine ar chaon leathlámh aige, agus bhuail smeach mór de phóg ar leathleiceann orthu beirt. "Cá bhfios céard tá romhaibh!" ar sé. "Chun na leapa libh anois nó rachaidh San Nioclás thar dhoras an tí má fheiceann sé nach bhfuil daoine áirithe ina gcodladh anseo." Agus d'imigh siad leo gan hú ná há, ach by daid, nach orthu a bhí na croíthe troma.

Bhí sé ina dhraíocht an oíche sin agus tháinig San Nioclás mar a tháinig chuile bhliain roimhe. Agus ní raibh cor ná casadh as an mbeirt óg uasal 'gus iad sínte go sámh ina gcodladh ina leapacha. Thit sneachta an oíche chéanna agus luigh sé go bán tiubh glioscarnach ar an talamh, é ina bánfhallaing mhór ghroíúil.

Ach draíocht ná sneachta, ná bronntanais na Nollag, go fiú, ní fhéadfadh ceann ar bith díobh croíthe troma na bpáistí a ardú nuair a dhúisigh siad ar maidin. Ní raibh ar a n-intinní ach go raibh siad an trí euro déag úd gann. Thabharfadh siad gach bronntanas a bhí ag bun na leapacha agus timpeall ar an gcrann Nollag agus ina stocaí aonair dearga ach an méidín beag breise sin a bheith acu. Ach cén mhaith é!

"Seo muid, a dhiabhail," arsa Daid nuair a chonaic sé ag siúl isteach sa seomra suí iad, "bímis gairdeach gealgháireach. Nach é breithlá Íosa é! Céard é an lagmhisneach seo oraibh ar chor ar bith, huth?"

"Seo, seo," arsa Mam, agus í ag druidim chucu, "tá Dia maith mór agus tá bliain mhór fhada eile romhaibh chun an sprioc úd a bhaint amach. Anois, osclaimis na bronntanais atá sna stocaí ar dtús. Ceann ar cheann anois: stoca Dhairíne, stoca Ristí, stoca Dhairíne, stoca Ristí, agus mar sin de go babhtálach."

"Sea, na cailíní ar dtús i gcónaí," arsa Daid, ráiteas a bhí aige go coitianta a bhainfeadh gáire as na páistí. Ach gáire ná an leathgháire féin níor bhain sé as na páistí an mhaidin seo.

Rinne siad mar a dúradh leo ach ní raibh a gcroíthe san iarracht agus, ar deireadh, ní raibh fágtha ach bronntanas deireanach Ristí. Thum sé a lámh isteach sa stoca agus d'aimsigh píosa páipéir ag a bhun. Bhain sé as an stoca é agus chonaic gur clúdach litreach a bhí ann.

"Hmm, clúdach litreach!" arsa Daid, agus bhreathnaigh Dairíne agus Risteard air amhail is dá mbeadh siad á rá 'á, a Dhaid, in ainm Dé, nach bhfeicfeadh an dall féin gur clúdach litreach é!'

"Bhuel, a Ristí, nach bhfuil tú chun é a oscailt?" arsa Mam.

Go fiú fós, ní raibh an scamall a bhí ag luí ar chroí Risteaird ardaithe pioc. Stróic sé cúl an chlúdaigh go drogallach, d'ardaigh an liopa stróicthe agus bhain amach leathanach fillte. D'oscail sé ansin é agus léigh dó féin ar dtús é. Leis sin, leath na súile gorma chomh mór sin i logaill a chinn go raibh an baol ann soicind go dtitfidis amach lom glan ar an urlár.

"Céard é, a Ristí? Céard é féin?" arsa Dairíne. Chroch an leaidín óg a chloigeann, d'fhéach go ríméadach ar a dheirfiúr, ansin chlaon a cheann arís agus léigh:

NÓTA Ó SAN NIOCLÁS: Is iontach an buachaillín tú, a Ristí, agus is iontach an cailín tusa leis, a Dhairíne, ach níl sibh ró-mhaith ag an Matamaitic, an bhfuil, huth? Comhairigí an t-airgead sin arís, in ainm dílis Dé.

Bhur gcara,
San Nioclás

Bhuel, níl insint ar an luas a bhí faoi Risteard agus é ag déanamh ar an mboiscín úd ina raibh an t-airgead carnaithe acu.

D'aimsigh sé 'gus dhoirt agus chomhairigh ar nós an diabhail féin, agus sceitimíní ar Dhairíne agus í ag faire air. Agus aillliliú. Ailli-míle-liú! Aon chéad fiche seacht euro 's gan cent ná smut de cent ar lár ann.

"Yahúúúú!"

BOLGCHAINT

BOLGCHAINT

Breis agus triocha cúig bliain a bhí caite ag Bobby ag taisteal na tíre lena phuipéad láimhe, Jillie. Ní raibh sráidbhaile in Éirinn nár chuir an sean-Sasanach taispeántas ar siúl ann in imeacht an ama sin. Ba mhinic nach raibh mar lucht féachana acu ach beirt nó triúr, ach ba mhinic eile ins na céadta iad. Ach ba chuma cúigear nó cúig chéad, ba é an dúthracht chéanna i gcónaí a chaith Bobby Benson leis an iarracht. Agus, by daid, nárbh iad na mílte a rinne idir gháire agus chaoineadh agus iad ag éisteacht leo thar na blianta.

Ach bhí a fhios ag an seanfhear go raibh a ré ag druidim chun deiridh. Chuir sé a lámh lena mhuiníl agus d'airigh an áit ina raibh an phian. Thart ar thrí mhí roimhe sin a d'airigh sé míchompord ina mhuiníl den chéad uair. Gan ann ach sin ag an am — míchompord. Ansin roinnt focail nach raibh ag teacht amach i gceart, nó — níos measa fós ar uaireanta — nach raibh ag teacht amach ar chor ar bith.

"Coinneoimid súil air, a Bhobby," a dúirt an dochtúir leis nuair a thug sé cuairt air. "Blianta fada ag cur tuin mhná ar do ghlór, ní féidir leis aon mhaith a dhéanamh. Straidhn, an dtuigeann tú! Tá sin uafásach dian ar an laraing, bíodh a fhios agat, go háirithe nuair is bolgchaint atá i gceist. Ach, idir an dá linn, déan iarracht ar gan do ghlór a úsáid an oiread sin."

Gan a ghlór a úsáid an oiread sin! Dia dá réiteach! Ab é an chaoi gur shíl an dochtúir go ndéanfadh Jillie féin an chaint gan Bobby a bheith ann!? Gan a ghlór a úsáid, huth! B'fhuiriste a dhéanfadh duine snámh gan é féin a fhliuchadh.

Ach chuaigh seó na hoíche áirithe seo níos déine ar Bhobby ná seó ar bith eile riamh. Pian bhinbeach i bpíobán an mhuiníl air ar feadh an ama. Focail ag sciorradh uaidh 's gan an lucht féachana in ann iad a chloisteáil i gceart, go fiú. Bobby míshásta leis mar iarracht, ach ba mhó b'ábhar buartha dó é gur fhág sé an lucht féachana míshásta chomh maith. Bunriail aige thar aon riail eile riamh an custaiméir a shásamh.

Ach bhí idir chroí agus anam tugtha ag Bobby do Jillie thar tréimhse fhada na mblianta. Agus, cé go gceapfaí é a bheith aisteach mar ráiteas, d'fhéadfaí a rá, ar bhealach, go raibh idir chroí agus anam tugtha ag Jillie do Bhobby chomh maith céanna. B'aonad iad ar feadh an ama, cé nach raibh i Jillie, dar leis an duine nach dtuigfeadh a mhalairt, ach bréagán adhmaid.

Ba leor sin uile, shílfeá, ach, chun cur leis an donas, nach raibh an scannánaíocht le tosú lá arna mhárach. Blianta fada den bhfulaingt, blianta fada ar an ngannchuid agus, gan aon choinne leis, aitheantas ar deireadh. Tuiscint nach amháin gur máistir é Bobby Benson ach gurb é rí na mbolgchainteoirí é. Tuiscint go mbeadh sé tábhachtach cuntas ar shaol an tseanfhir seo a chur os comhair lucht féachana teilifíse.

Bhí iontas ar Bhobby nuair a tháinig Eoin Mac Domhnaill, léiritheoir an chláir chuige ar dtús. Shíl sé gur bob é a bhí á bhualadh ag duine dá chairde air, duine de na bolgchainteoirí eile a chasfaí air go rialta 'gus é ag taisteal na tíre. Ach níorbh ea. Níorbh ea ar chor ar bith. Clár faisnéise ar shaol Bhobby Benson agus a phuipéad cáiliúil, Jillie. Agus, mar bharr ar fad air, 100,000 euro á íoc le Bobby as é a cheadú agus as a bheith páirteach ann. Dóthain agus a dhéanfadh é don chuid eile dá shaol 's gan air a bheith ag taisteal ó bhaile go baile san uile chineál aimsire.

Ach Bobby a bheith páirteach ann! Caolsheans. Seans ar bith, go deimhin. Bhí a fhios aige nach raibh sé in ann aige. Fios aige, murach míorúilt de shaghas éigin, go raibh an píobán ró-amh, ró-stróicthe chun oiread agus lá amháin eile oibre a dhéanamh.

Shuigh Bobby ar chiumhais na leapa agus é ina sheomra sa teach ósta an oíche sin. Jillie sínte ar an leaba in aice leis agus a bosca adhmaid ar oscailt taobh léi. An fheilt fhíondearg a bhí mar líneáil ar an mbosca á cuimilt ag Bobby. Ba chuimhin leis an siopa beag i Macclesfield Shasana inar cheannaigh sé an fheilt sin. Ba chuimhin leis mar a rinne sé an fheilt a ghearradh agus í a ghreamú de dhromchla an adhmaid istigh. Agus mar a leag sé Jillie isteach ann an chéad uair riamh agus dhún doras an bhosca anuas uirthi. Hmm, cuimhní!

Agus bheartaigh sé iad a ruaigeadh as a cheann' s gan ligean dóibh é a chorraíl a thuilleadh. Chas sé i dtreo Jillie athuair.

"Anois, a chailín, am dul isteach sa bhosca," ar sé, agus d'ardaigh sé an puipéad den leaba. Ar éigean a chuala sé na focail as a bhéal féin, bhí a ghlór chomh fannlag sin. Rinne sé a mhéara a shníomhadh trí ghruaig chatach Jillie. Ba chosúil le mapa urláir é, dáiríre, é sreangach liathbhán achrannach. Dhruid sé an puipéad chuige agus phóg i gceartlár an chláréadain é agus thit deoir dá shúil anuas ar bhaithis Jillie. Ansin, leag sé go cúramach isteach sa bhosca í agus dhún an doras uirthi. Í á cur sa bhosca den uair dheireanach, shíl sé — cá bhfios. Cá bhfios!

Ba bhréag a rá gur bheag é an codladh a rinne Bobby an oíche sin. Ba bhréag é mar, chun an fhírinne a rá, ní dhearna sé codladh ar bith. Oiread agus míogarnach ní dhearna. Ní fhéadfadh sé cuimhní na mblianta iontacha a bhí aige le Jillie a ruaigeadh as a cheann. Tháinig siad ina dtonnta chuige. An lá úd sa Mhuileann gCearr, triocha bliain ó shín, nuair a theastaigh ó fhear í a cheannach uaidh ar airgead mór. Ach, ar ndóigh, níor dhíol sé í. Lá eile, fiche bliain siar, nuair a d'fhág sé ina dhiaidh í i stáisiún traenach Chaisleán a' Bharraigh. Agus mar a tháinig máistir an stáisiúin ag rith ina dhiaidh 'gus é ag béicíl air in ard a ghutha: 'ná h-imigh gan do Jillie'. Agus uair eile fós, i gCathair mhór Bhaile Átha Cliath, nuair a rinne stócach iarracht ar Jillie a ghoid uaidh. Murach garda óg géarchúiseach an lá sin cá bhfios cá mbeadh Jillie ag an bpointe seo.

Ach lá arna mhárach céard a dhéanfadh sé ar chor ar bith? Bhí sé socraithe ag Eoin Mac Domhnaill go mbaileodh tiománaí é agus go dtabharfaí Bobby agus Jillie chun an stiúidió, díreach mar a dhéantar leis na réaltaí móra. Airgead an phinsin dó é an 100,000 euro sin, ach céard d'fhéadfaí a dhéanamh dá mbeadh Bobby féin gan ghlór. Ní fhéadfadh sé é a cheilt. Chaithfeadh sé é a rá le hEoin sula dtosófaí ar an obair ar chor ar bith. Ach tháinig glór éigin chun na hintinne chuige á rá leis a bheith dóchasach, á rá leis trust a bheith aige as cumhacht éigin lasmuigh dó féin. Níor thuig sé an glór seo chuige agus ba mheasa ná sin é, ní raibh a fhios aige cén chaoi a mbeadh trust aige as rud nár thuig sé.

Bhuel tháinig an mhaidin, díreach mar a rinne gach maidin eile roimhe ó thús ama. Agus, má tháinig, tháinig an carr agus an tiománaí mar a gheall Eoin Mac Domhnaill go dtiocfadh. B'fhada ag Bobby an t-aistear go dtí an stiúidió. Nuair a shrois sé é agus chas ar Eoin, shíl Eoin gurbh í an neirbhíseacht a bhí ag cur gaid ar bhéal Bhobby.

"Ná bí buartha faoi a bheith neirbhíseach, a Bhobby. Tarlaíonn sin do na réaltaí móra, go fiú. Beidh tú togha, fan go bhfeice tú," arsa an fear óg leis. "Tiocfaidh sruth cainte chugat nuair a chuirtear ceist ort. Is minic a chonaic mé seo cheana. Tiocfaidh sé, bí cinnte de sin. Anois, beidh mé ar ais chugat ar ball beag, tar éis dóibh smidiú a chur ort."

Huth, bí cinnte de sin, a shíl Bobby dó féin! A Dhia, ní fhéadfadh an fear bocht a bheith cinnte de rud ar bith. Bhí a fhios aige nach raibh gíog de ghlór sna píobáin aige, gan trácht ar aon sruth cainte teacht chuige. Ach fós, ar chúl a chinn i gcónaí, bhí an cogar anaithnid seo á rá leis trust a bheith aige.

In imeacht ama d'fhill Eoin air agus é réidh chun oibre. Bhí Bobby ina shuí ar bhord agus Jillie ar leathghlúin leis, 's gan a fhios ag Dia ag an gcréatúr cén chaoi ó thalamh an domhain a thiocfadh sé tríd seo.

"Go breá, go breá ar fad," arsa Eoin, agus é ag breathnú ar an smidiú a bhí déanta ar éadan Bhobby. "Ar ndóigh, ní gá smidiú ar bith ar an gceann seo," arsa Eoin, agus leag sé leathlámh ar chloigeann Jillie, agus rinne gáire beag. "Togha, más ea," ar sé ansin, agus chas sé i dtreo an chriú. "Soilse," ar sé, agus lasadh soilse an stiúidió. "Fuaim," ar sé ansin, "agus ceamaraí." Agus, leis sin, sheas cúntóir amach os comhair Ceamara a hAon agus clár beag adhmaid aige a raibh uimhreacha cailce scríofa air.

"A chúig, a cheathair, a trí, a dó, a haon — aicsean," ar sé. Agus láithreach bonn caitheadh an chéad cheist le Bobby.

"A Bhobby Benson, tá tú blianta fada ar an mbóthar le do leathbhádóir, Jillie. Inis dúinn mar a thosaigh tú amach ar dtús."

An scaoll go hard ar shúile Bhobby. Scaoll ar a chroí,

scaoll ar a anam. Scaoll ar an uile bhall dá dhéanamh.

"Inis dúinn mar a thosaigh tú amach ar dtús, a Bhobby," arsa an t-agallamhóir den dara huair.

D'oscail Bobby a bhéal agus, cé gur bhog na beola air, ní raibh oiread agus an focal amháin féin le cloisteáil uaidh. Thrasnaigh íomhá an 100,000 euro úd a intinn, thrasnaigh blianta fada na bochtaineachta a intinn, thrasnaigh gach cruatan dar samhlaíodh riamh a intinn. Ach, má thrasnaigh féin, níor thrasnaigh aon fhocal a bhéal fós.

Ansin, den tríú huair, cuireadh an agallamhóra: "Bhí sé an-dian ort nuair a thosaigh tú amach, a Bhobby. Inis dúinn faoi sin."

"Dian! Dian, a deir tú," arsa an glór, agus é díreach mar a bhí gnáthghlór cainte Bhobby. Ach ní raibh liopaí Bhobby ná an leathliopa féin ag bogadh agus na focail á rá. Iontas ar aghaidh Bhobby féin ar chloisteáil na cainte dó. A ghlór féin! 'S gan tuairim aige ó thalamh an domhain cad as a raibh an chaint ag teacht.

"Ceamara a Dó, Ceamara a Dó, druid isteach ar Jillie," arsa Eoin le práinn. Agus ghluais an ceamaradóir go sciobtha ar chloisteáil an ordú dó.

"Soilse uirthi, soilse," arsa Eoin, agus an phráinn chéanna arís eile sa chaint aige.

Agus b'in Jillie agus í in ard a réime. Jillie, agus í ag cur di i nglór Bhobby Benson faoi na blianta fada a bhí caite aici in éindí leis an bhfear uasal céanna. A béal ag bogadh ar a conlán féin an uair seo agus Bobby taobh léi agus é sínte le hiontas. Ba chinnte nárbh é bréag-ghlór Jillie é, ach gnáthghlór Bhobby féin. Ach, ba chinnte leis nach raibh baint ná páirt ag Bobby le hoiread agus an focal amháin féin den méid a labhraíodh. Agus lean an puipéad uirthi ag freagairt ceist i ndiaidh ceiste nó go raibh gach a raibh le rá ráite.

Sea, go deimhin, agus thuig Bobby Benson agus Jillie féin go raibh idir chroí agus anam tugtha acu dá chéile in imeacht na mblianta. Agus thuig siad leis, an lá cinniúnach seo, go raibh rud éigin neamhghnách tarlaithe dóibh ar mhó i bhfad é ná an tuiscint a bhí eatarthu go dtí sin.

AR FÁIL TRÍ'N bPOST Ó MhÓINÍN

GOIMH AGUS SCÉALTA EILE

le

Ré Ó Laighléis

An ciníochas in Éirinn agus go hidirnáisiúnta is cúlbhrat do na scéalta sainiúla seo. Idir shamhlaíocht agus chruthaitheachas den scoth á sníomh go máistriúil ag Ré Ó Laighléis i gcur an chnuasaigh íolbhristigh seo inár láthair. Ní hann don déagóir ná don léitheoir fásta nach rachaidh idir thábhacht agus chumhacht agus chomhaimsearachas na scéalta i gcion go mór éifeachtach air. An dul go croí na ceiste ar bhealach stóinsithe fírinneach cumasach is saintréith den chnuasach ceannródaíoch seo.

"Éiríonn leis an údar dúshlán na léitheoirí a thabhairt ar bhealach ríspéisiúil maidir lena ndearcadh ar an gciníochas ... Fáiltím go mór roimh an saothar seo toisc go ndíríonn sé ar aoisghrúpa [déagóirí] *a chruthóidh dearcadh shochaí na tíre seo i leith an chiníochais amach anseo. Éiríonn leis an údar paraiméadair na tuisceana i dtaobh an chiníochais a bhrú amach."*

Seosamh Mac Donncha, Cathaoirleach,
An Clár Náisiúnta Feasachta um Fhrith-Chiníochais

"Snastacht, foirfeacht, máistriúlacht ó thús deireadh."

Austin Vaughan,
Leabharlannaí an Chontae, Co. Mhaigh Eo

"Ní heol dom leabhar níos feiliúnaí ná níos cumasaí ar an ábhar a bheith ar fáil don déagóir – Gaeilge nó Béarla – ná 'Goimh agus scéalta eile'. *Ábhar iontach comhaimseartha, a bheadh thar a bheith feiliúnach do na meánscoileanna idir Theastas Sóisearach agus Idirbhliain agus Ardteist."*

Niall Ó Murchadha,
Iar-Uachtarán Ghaelscoileanna

GAFA
le
Ré Ó Laighléis

Scéal tranglamach croíbhristeach an déagóra Eoin agus a thitim isteach in umar dorcha na handúile agus sa bhfodhomhain gránna dainséarach a ghabhann leis. Agus, chomh tábhachtach céanna le scéal Eoin féin, scéal na dtuismitheoirí: tá saol na máthar, Eithne, ina chíor thuathail. Í ar a dícheall glacadh leis go bhfuil a haonmhac faoi ghreim go daingean ag heroin. Ach is measa fós di é nuair a bhuailtear an dara ropadh uirthi – mídhílseacht a fir céile. Ní chuirtear fiacail san insint i gcás an scéil ríchumhachtaigh seo. É scríofa go fírinneach fíriciúil lom, ach ardscil agus íogaireacht ann go deireadh.

"Tá ábhar an leabhair seo conspóideach nua-aoiseach agus thar a bheith feiliúnach don aoisghrúpa … stíl sholéite inchredte."
An Dr. Gearóid Denvir, Moltóir an Oireachtais 1996

"Ó Laighléis deftly favours creating a dark side of urban life over sledge-hammering the reader with 'Just Say No' messages. The horrors of heroin addiction are revealed within the story itself and, thankfully, the author avoids any preachy commentary."
Educationmatters, *Ireland on Sunday*

"Gafa inhabits the world of well-off middle-class Dublin of the late 1990s with all its urban angst, moral decay, drug addiction, loneliness and teen attitudes and problems." **Patrick Brennan, *Irish Independent***

"Iarracht an-mhacánta é seo ar scríobh faoi cheann de mhórfhadhbanna shochaí an lae inniu … píosa scríbhneoireachta an-fhiúntach."
Máire Nic Mhaoláin, Moltóir an Oireachtais 1996

"It is a riveting story based on every parent's nightmare."
Lorna Siggins, *The Irish Times*

"Ré Ó Laighléis speaks the language of those for whom this will strike a familiar chord. If it makes people stop and think – as it undoubtedly will – it will have achieved more than all the anti-drug promotional campaigns we could ever begin to create." **News Focus, *The Mayo News***

"Ó Laighléis deftly walks that path between the fields of teenage and adult literature, resulting in a book that will have wide appeal for both young and older readers." **Paddy Kehoe, *RTÉ Guide***

"The book pulls no punches and there are no happy endings."
Colin Kerr, *News of the World*

AR FÁIL TRÍ'N bPOST Ó MhÓINÍN

Tá na leabhair seo leanas ar fáil trí'n bpost ó MhÓINÍN ar na praghasanna thíosluaite (móide costas an phostais)* ach an fhoirm ordaithe ar chúl an leabhair seo a líonadh agus a sheoladh chuig MÓINÍN, Loch Reasca, Baile Uí Bheacháin [BALLYVAUGHAN], Co. an Chláir, nó glaoch ar (065) 707 7256.

Goimh agus scéalta eile (ISBN 0-9532777-4-7)	€7 agus postas
Bolgchaint agus scéalta eile (ISBN 0-9532777-3-9)	€7 agus postas
Gafa [Seanstoc srianta]	€5 agus postas
[Eagrán nua]	€8 agus postas
Terror on the Burren (ISBN 0-9532777-0-4)	€8.50 agus postas
Hooked (ISBN 0-9532777-1-2)	€7.50 agus postas
Heart of Burren Stone (ISBN 0-9532777-2-0)	€10 agus postas
Ecstasy and Other Stories [Seanstoc srianta]	€5 agus postas

* Lacáiste 10% do scoileanna ar orduithe os cionn 20 cóip.

AR FÁIL TRÍ'N bPOST Ó MhÓINÍN

FOIRM ORDAITHE

Teideal *Title*	Praghas* *Price**	Líon Cóipeanna *No. of Copies*
Goimh agus scéalta eile	€7	[ ]
Bolgchaint agus scéalta eile	€7	[ ]
Gafa	€5 [Seanstoc]	[ ]
	€8 [Eagrán nua]	[ ]
Terror on the Burren	€8.50	[ ]
Hooked	€7.50	[ ]
Heart of Burren Stone	€10	[ ]
Ecstasy and other stories	€5	[ ]

* P&P le n-íoc anuas ar na praghasanna thuas

Lúide 10% do scoileanna ar orduithe os cionn 20 cóip.

AINM ______________________________

SEOLADH ______________________________

____

____

FÓN/FACS ______________________________

IOMLÁN ÍOCAÍOCHTA (IN EURO AMHÁIN) €______ (*le líonadh*)

Seiceanna/orduithe poist/orduithe airgid chuig:

MÓINÍN
Loch Reasca, Baile Uí Bheacháin [BALLYVAUGHAN]
Co. an Chláir, Éire
Fón/Facs: (065) 707 7256
Ríomhphost: moinin@eircom.net